RECETTES GOURMANDES VEGAN

C'est bon pour moi

RECETTES GOURMANDES VEGAN

CAROLINE WIETZEL

50 RECETTES POUR SE FAIRE DU BIEN

AVEC LA COLLABORATION DU DOCTEUR ARNAUD COCAUL, NUTRITIONNISTE

FIRST Editions

SOMMAIRE

L'auteur remercie son éditrice Iris Odier de lui avoir confié la réalisation de cet ouvrage et permis de pousser un peu plus loin ses préférences pour une cuisine saine et bienveillante, pour soi et pour la nature. Elle remercie aussi le photographe, Philippe Vaurès Santamaria, de suivre et mettre en images ses envies d'aller vers toujours plus de douceur.

SANS gluten

SUCRES naturels

En plus d'être vegan, certaines recettes de cet ouvrage ne contiennent pas de gluten ou de sucre blanc raffiné : elles sont signalées par la présence des pastilles correspondantes.

INTRODUCTION

Végétarienne, au quotidien. Vegan, parfois et toujours pour de bonnes raisons…

La première, en dehors de la réflexion que je peux avoir sur la condition et l'exploitation des animaux, c'est celle de découvrir et de jouer avec quantité d'ingrédients (souvent bio) un brin bizarres comme le seitan, le tempeh, la crème de riz, la purée d'amandes… Faire aussi beau dans l'assiette que bon en bouche sans un gramme de beurre, sans une miette de fromage ou le moindre œuf, quelle satisfaction pour la gourmande que je suis ! Et le plaisir est double lorsque mes amis me disent s'être régalés sans savoir qu'ils ont dîné « vegan ». Les voir se resservir une louche de *velouté de lentilles corail* (p. 26) ou une part de *banana bread* (p. 98) m'enchante. Pas de doute, un repas 100 % vegan est 100 % convivial… et savoureux !

La deuxième bonne raison est celle de me faire du bien. Une pause vegan, qu'elle dure une semaine ou plusieurs mois, c'est aussi reposer mon corps, lui donner tous les nutriments et l'énergie dont il a besoin sans l'alourdir, sans le fatiguer à digérer des mélanges complexes ou gras. Faire le plein de légumes et de fruits, les combiner avec des céréales ou des légumineuses, les réveiller avec des épices et quantité d'herbes ou de graines, c'est retrouver les saveurs des produits dans ce qu'ils ont de plus authentique tout en mangeant équilibré.

La dernière et bonne raison de cuisiner vegan, c'est d'inviter la couleur à tous les repas. Il suffit de regarder les pages de ce livre pour s'en convaincre. Toutes les nuances d'orange, de vert, de rouge, de brun, etc. y sont déclinées au fil de recettes faisant la part belle à ce que la nature a de meilleur à offrir.

Caroline Wietzel

LES CONSEILS DU NUTRITIONNISTE

MANGER VEGAN : POURQUOI ET COMMENT ?

Constat écologique

Nous mangeons trop de viande, cela sans aucun doute possible. Cette consommation a été encouragée par des campagnes promotionnelles issues de la sortie de crise de la Seconde Guerre mondiale, où le cheptel était tel que des slogans comme : « Mangez du bœuf pour être fort comme un bœuf » ont eu le succès que l'on sait.

Mais manger de la viande en 1945 n'était pas la même chose que manger de la viande en 2015 ! L'élevage intensif a bouleversé notre environnement, surtout par le biais des cultures destinées à nourrir le bétail.

À l'heure de la COP 21, on évoque le réchauffement climatique avec la déforestation, en particulier en Indonésie où l'on remplace les forêts primaires par des cultures de soja ou de palme. On épuise nos terres, on épuise notre eau pour irriguer ces terres avides, on bombarde de pesticides, fongicides, herbicides.

Les régimes végétariens sont évidemment plus respectueux de notre planète que les régimes carnés.

L'écosystème intestinal

Nous sommes porteurs d'une flore bactérienne, que l'on appelle le microbiote intestinal, et qui représente 100 000 milliards de bactéries vivant en harmonie avec notre corps, le tout pesant environ 1 kilo. Une perte de diversité de notre écosystème pourrait favoriser l'émergence de mauvaises bactéries qui favoriserait l'obésité ou d'autres maladies chroniques, y compris neurologiques. Au niveau mondial, les populations rurales privilégient les céréales, les fibres végétales et mangent très peu de viande. Elles sont plus exposées aux maladies contagieuses et jouissent d'une espérance de vie plus courte, mais développent moins de maladies occidentales chroniques, comme l'obésité, l'asthme, les allergies, le diabète de type 2, les maladies cardiovasculaires et les cancers. À l'inverse, des études montrent que les personnes qui consomment de la viande (et donc des acides aminés) en abondance voient la proportion de bactéries appelées « firmicutes » augmenter dans leurs intestins. Or une flore intestinale en bonne santé est une flore dans laquelle s'équilibrent deux familles de bactéries, les bactéroïdètes et les firmicutes. Lorsque les firmicutes sont en trop grand nombre, le risque d'obésité s'élève. Cette communauté microbienne a en effet une grande capacité à digérer les glucides complexes et à extraire au maximum les calories des aliments, ce qui peut à terme entraîner une augmentation de la masse graisseuse. La prise d'antibiotiques des animaux d'élevage contribue aussi à faire prospérer certaines bactéries au détriment d'autres, et ainsi à faire péricliter notre écosystème intestinal. Nous sommes devenus, par notre mode alimentaire, des fossoyeurs de notre microbiote intestinal.

Quelques précautions…

Les régimes d'exclusion sont néfastes dès lors qu'on les pratique à visée amaigrissante. Il est hors de question de venir au végétalisme pour des raisons de perte de poids, c'est vraiment une très mauvaise idée qui risque de provoquer des troubles du comportement alimentaire et ensuite des phases de rebond pondéral, ceci par phénomène de compensation dirigé par le système nerveux central afin de restaurer les réserves d'énergie (que l'on a en nous sous forme de graisses) et qui auraient été indûment endommagées. On choisit d'être végétarien ou végétalien pour des raisons plus sensées. C'est un choix de vie que l'on ne doit pas imposer à quiconque, même si l'on peut en vanter les avantages, scientifiquement prouvés.

Bénéfices collatéraux

Le choix d'une alimentation végétalienne s'accompagne, dans les pays occidentaux, d'une prise de conscience générale pour une meilleure hygiène de vie et d'une adhésion aux directives de changements alimentaires.

Les végétaliens ont moins besoin de médicaments, leur risque de maladies cardio-vasculaires, cancers, obésité, diabète de type 2 est diminué. Les apports en fruits frais, légumes, légumineuses, fruits secs et oléagineux sont supérieurs et exercent des effets propres sur de nombreuses maladies. En général, ils pratiquent plus d'activité physique régulière, fument moins, dorment mieux que les non-végétariens.

APÉROS, ENTRÉES

& CONDIMENTS

TARTINE AUX CHAMPIGNONS

SANS gluten

POUR 4 PERSONNES • PRÉPARATION : 20 MIN • CUISSON : 15 MIN

- 4 tranches de pain à la châtaigne
- 250 g de pleurotes et de girolles
- 2 cèpes de taille moyenne
- 4 oignons nouveaux
- 1 grappe de raisin noir
- 1 gousse d'ail
- 1 bouquet de sauge
- 4 branches de thym
- 2 cuil. à soupe d'huile de noisette
- sel - poivre

1 Épluchez les oignons et fendez-les en quatre. Réservez. Rincez le raisin à l'eau claire et prélevez les grains. Réservez. Coupez les pieds des champignons et rincez-les sous un mince filet d'eau. Essuyez-les délicatement avec du papier absorbant. Émincez les cèpes.

2 Versez 1 cuillerée à soupe d'huile de noisette dans une poêle et ajoutez les champignons, les oignons, la gousse d'ail dans sa peau et les herbes. Faites fondre 10 minutes à feu doux. Ajoutez les grains de raisin à mi-cuisson.

3 Pendant ce temps, faites griller les tranches de pain au grille-pain et badigeonnez-les d'huile de noisette à l'aide d'un pinceau.

4 Répartissez la garniture sur les tartines, salez légèrement et donnez un tour de moulin à poivre avant de déguster.

Notre suggestion : profitez des fruits d'automne comme la poire et la figue pour varier les saveurs de cette tartine gourmande. Et ajoutez un peu de croquant avec des noix toastées !

QU'EN PENSE LE NUTRITIONNISTE ?

L'oignon apporte de la saveur en allégeant la facture calorique. La quercétine présente dans l'oignon comme dans l'échalote exerce un effet protecteur cardio-vasculaire en fluidifiant le sang, ce qui permet d'éviter les caillots. On note également une action de prévention vis-à-vis de certains cancers, en particulier digestifs.
Cette recette est riche en fibres et en protéines, apportées par les champignons. Ceux-ci contiennent plus de protéines que les autres végétaux frais ; ils sont riches en acides aminés soufrés, d'où leur odeur caractéristique.

FOCACCIA

POUR 4 PERSONNES • PRÉPARATION : 15 MIN • REPOS : 1 H • CUISSON : 20 MIN

250 g de farine de blé complet
1 cuil. à café de sel
1 sachet de levure boulangère déshydratée (5 g)
8 tomates confites à l'huile
1 cuil. à soupe d'huile des tomates confites
3 cuil. à soupe d'huile d'olive
1 cuil. à soupe de graines de lin
quelques branches de thym frais
fleur de sel

1 Dans un saladier, mélangez la farine et le sel fin. Creusez un puits et versez-y la levure sèche, puis 15 cl d'eau tiède. Patientez 2 minutes, puis ajoutez 2 cuillerées à soupe d'huile d'olive et l'huile des tomates confites et mélangez vigoureusement pendant 3 à 5 minutes afin d'obtenir une pâte bien homogène. Coupez les tomates confites aux ciseaux et intégrez-les à la pâte en même temps que les graines de lin. Travaillez la pâte à la main pendant 5 minutes. Couvrez le saladier d'un linge et laissez reposer 45 minutes à température ambiante.

2 Préchauffez le four à 210 °C (th. 7). Déposez une feuille de papier cuisson sur une plaque à pâtisserie et étalez la pâte en lui donnant une forme carrée d'environ 2 cm d'épaisseur. Badigeonnez-la très légèrement d'huile d'olive à l'aide d'un pinceau. Faites des entailles régulières pour y glisser de petites sommités de thym. Parsemez de fleur de sel.

3 Laissez reposer à nouveau 15 minutes avant d'enfourner dans la partie basse du four pour 15 à 20 minutes.

4 Laissez tiédir la focaccia avant de la couper en carrés et servez-la avec une salade feuille-de-chêne, des oxalis et des pousses d'épinards.

QU'EN PENSE LE NUTRITIONNISTE ?

Très consommée en France, la farine de blé est une source de glucides complexes, de vitamines du groupe B, de magnésium, de fer, de calcium. On la préfère complète pour la quantité de son, et on optera pour une farine bio afin d'éviter les résidus de pesticides, concentrés dans la partie externe du grain.
Les graines de lin apportent des oméga 3 qui sont à la base du régime méditerranéen. Elles sont reconnues pour leur effet protecteur cardiaque, de la rétine et de l'Alzheimer, mais aussi pour leur action anti-thrombose.

CAVIAR D'AUBERGINES

POUR 4 PERSONNES • PRÉPARATION : 20 MIN • CUISSON : 45 MIN • REPOS : 20 MIN • RÉFRIGÉRATION : 1 H

2 grosses aubergines
1 cuil. à soupe d'huile d'olive
1 citron jaune
1 gousse d'ail
1 petit bouquet de coriandre fraîche
1,5 cuil. à soupe d'huile de sésame
4 tartines de pain noir
sel - poivre

1 Préchauffez le four à 210 °C (th. 7). Rincez les aubergines et essuyez-les. Fendez-les en deux dans le sens de la longueur. Placez-les sur une plaque couverte d'un papier sulfurisé. Entaillez-les au couteau en faisant des croix. Badigeonnez-les d'huile d'olive avec un pinceau et enfournez pour 45 minutes de cuisson.

2 Sortez les aubergines du four et laissez-les refroidir pendant 20 minutes. Pendant ce temps, pressez le citron et réservez le jus.

3 Prélevez la chair des aubergines à l'aide d'une cuillère et déposez-la dans le bol d'un mixeur. Ajoutez la gousse d'ail épluchée, le bouquet de coriandre effeuillé, l'huile de sésame et la moitié du jus de citron. Salez et poivrez. Mixez de façon à obtenir une purée fine. Ajustez l'assaisonnement à votre convenance.

4 Versez dans un bol et réfrigérez 1 heure avant de servir sur des tranches de pain noir frais ou grillé.

QU'EN PENSE LE NUTRITIONNISTE ?

L'aubergine est peu calorique et a un pouvoir antioxydant élevé grâce à ses polyphénols et aux anthocyanes concentrés dans sa peau (plus un légume ou un fruit est foncé, plus il a un pouvoir antioxydant élevé). L'aubergine cuite doit son moelleux aux fibres qui la composent. Les fibres sont constituées de pectine (qui, comme dans la pomme, exerce une action hypocholestérolémiante) et de cellulose qui stimule le transit intestinal. Elle possède peu de vitamines, mais est une source de minéraux intéressante.

CÉLERI RÉMOULADE

SANS gluten

POUR 4 PERSONNES • PRÉPARATION : 15 MIN • RÉFRIGÉRATION : 2 H

1 petite boule de céleri-rave
1 cuil. à soupe de câpres
5 cuil. à soupe de crème de soja
15 cl d'huile de colza et d'huile de tournesol mélangées pour moitié
1 cuil. à soupe de jus de citron
1 cuil. à soupe de vinaigre de cidre
1 cuil. à café de moutarde à l'ancienne
10 brins de ciboulette
sel - poivre

1 Hachez grossièrement au couteau les câpres et réservez-les dans une tasse.

2 Versez la crème de soja dans un bol. Montez-la à l'aide d'un fouet électrique en versant petit à petit les huiles mélangées, puis le jus de citron, le vinaigre de cidre et enfin la moutarde. Fouettez jusqu'à ce que la crème épaississe. Salez et poivrez avant de laisser reposer 1 heure au réfrigérateur.

3 Pelez le céleri-rave, coupez-le en morceaux et râpez-le au robot. Déposez-le dans un saladier et nappez-le de mayonnaise au soja. Mélangez soigneusement afin que le légume soit bien enrobé de sauce. Laissez reposer 1 heure au réfrigérateur. Parsemez de ciboulette ciselée au moment de servir.

QU'EN PENSE LE NUTRITIONNISTE ?

Le céleri-rave est un véritable atout santé : il est très peu calorique et possède une forte teneur en fibres, vitamine C et minéraux. Les fibres sont d'autant mieux tolérées au niveau digestif que le céleri-rave est ici cuit. Autre avantage : sa richesse en potassium permet de maintenir un pH basique dans l'organisme et d'éviter ainsi la déminéralisation osseuse.

HOUMOUS DE HARICOTS BLANCS

SANS gluten

POUR 4 PERSONNES • PRÉPARATION : 10 MIN • RÉFRIGÉRATION : 1 H

- 1 boîte de haricots blancs (400 g)
- 1 cuil. à soupe de purée de sésame (tahini)
- 1 cuil. à café de coriandre moulue
- 2 cuil. à soupe d'huile de pépins de raisin
- 1 cuil. à café de vinaigre balsamique blanc
- 1 gousse d'ail
- 1/2 cuil. à café de paprika
- sel - poivre

1 Égouttez et rincez les haricots à l'eau claire. Versez-les dans le bol d'un mixeur. Ajoutez la purée de sésame, la coriandre moulue, l'huile de pépins de raisin, le vinaigre et la gousse d'ail épluchée.

2 Mixez jusqu'à obtenir un mélange homogène. Salez et poivrez à votre convenance.

3 Laissez reposer au réfrigérateur 1 heure avant de servir ce houmous saupoudré de paprika, pour accompagner des crudités, ou nappé sur des tranches de pain grillé.

QU'EN PENSE LE NUTRITIONNISTE ?

Le haricot blanc est le plus répandu des haricots en France, avec le flageolet et le haricot rouge. On assimile le haricot à un féculent en raison de sa richesse en glucides lentement assimilés dans l'organisme. C'est un aliment très complet, apportant des protéines, des minéraux, des glucides, des fibres. Son index glycémique bas, aux alentours de 30 à 40, en fait un allié santé à ne pas négliger.

PANZANELLA

POUR 4 PERSONNES • PRÉPARATION : 10 MIN • CUISSON : 30 MIN • REPOS : 30 MIN

3 tomates kumato
3 poivrons rouges
1 gousse d'ail
1 feuille de laurier
2 oignons rouges
1/2 baguette de campagne un peu rassie
10 brins de persil plat
1 cuil. à soupe de vinaigre de miel
4 cuil. à soupe d'huile d'olive
sel - poivre du moulin

1 Lavez et tranchez les tomates en quartiers en retirant le pédoncule. Réservez. Lavez, coupez en deux les poivrons et épépinez-les. Coupez-les en larges lamelles et poêlez-les à feu doux dans 1 cuillerée à soupe d'huile d'olive avec la gousse d'ail écrasée mais non pelée et la feuille de laurier pendant 10 minutes.

2 Épluchez et émincez les oignons et ajoutez-les aux poivrons. Poursuivez la cuisson pendant 10 minutes. Débarrassez dans un plat pour laisser refroidir en retirant la gousse d'ail et la feuille de laurier.

3 Versez à nouveau 1 cuillerée à soupe d'huile d'olive dans la poêle et faites-y dorer le pain coupé en dés pendant 5 à 10 minutes. Ajoutez si besoin un peu plus d'huile de façon à ce que le pain soit bien imbibé et colore joliment. Intégrez le pain aux poivrons, avec les tomates et le persil plat ciselé.

4 Préparez la vinaigrette le reste d'huile d'olive et le vinaigre de miel. Versez sur la salade. Ajoutez une pincée de sel, un tour de moulin à poivre et mélangez soigneusement. Laissez reposer 30 minutes avant de servir.

Notre suggestion : pour jouer sur les textures, ajoutez une compotée de tomates cerise, quelques lamelles de tomates confites et des dés de concombre.

QU'EN PENSE LE NUTRITIONNISTE ?

Le poivron est un aliment minceur excellent pour la santé ! Le poivron rouge est trois fois plus riche en vitamine C que l'orange. 100 g de poivron consommés dans la journée couvrent les besoins quotidiens en vitamine C et fournissent de plus à l'organisme du bêta-carotène, de la lutéine, de la quercétine, du lycopène.

CRÊPES CROUSTILLANTES AUX POIVRONS

SANS gluten

POUR 4 PERSONNES • PRÉPARATION : 25 MIN • RÉFRIGÉRATION : 1 H • CUISSON : 40 MIN

Pour la pâte à crêpes :

250 g de farine de pois chiches
50 cl d'eau gazeuse
1 pincée de sel
1/2 cuil. à café de gingembre en poudre
1/2 cuil. à café de ras-el-hanout
1/2 cuil. à café de coriandre moulue
1 cuil. à café de sésame noir
2 cuil. à soupe d'huile de pépins de raisin

Pour la garniture :

2 poivrons rouges
10 petits oignons nouveaux
1 cuil. à soupe de pignons de pin
10 branches de cerfeuil
2 cuil. à soupe d'huile d'olive
sel - poivre

1 Préchauffez le four à 210 °C (th. 7). Versez la farine et les épices dans un saladier et délayez avec l'eau gazeuse. Salez légèrement la pâte et laissez reposer 1 heure au réfrigérateur.

2 Pendant ce temps, coupez les poivrons en deux et épépinez-les. Rangez-les dans un plat, peau au-dessus, et enfournez en position haute pour 15 minutes. Quand la peau des poivrons a bruni, enfermez-les dans un sac en plastique et laissez-les refroidir. Sortez-les pour les peler à l'aide de la pointe d'un couteau et taillez-les ensuite en fines lanières.

3 Épluchez et coupez les oignons en deux ou quatre selon leur grosseur. Faites chauffer la poêle avec l'huile d'olive. Jetez-y les lanières de poivrons et les oignons et faites confire à feu doux pendant 15 minutes. Salez, poivrez et débarrassez. Toastez à la poêle, à sec, les pignons de pin. Réservez.

4 Dans une poêle bien chaude et huilée, versez successivement des louches de pâte afin de faire cuire des petites crêpes. Réservez dans une assiette couverte. Garnissez de poivrons, pignons et pluches de cerfeuil.

Notre suggestion : pour gagner du temps, vous pouvez remplacer les poivrons par des courgettes coupées à la mandoline.

QU'EN PENSE LE NUTRITIONNISTE ?

Voilà une recette très digeste, riche en antioxydants et en protecteurs cardio-vasculaires ! L'huile de pépins de raisin fournit des acides gras polyinsaturés de la famille des oméga 3, qui sont des alliés cardioprotecteurs. L'huile d'olive, un acide gras monoinsaturé de la famille des oméga 9, permet d'abaisser le taux de mauvais cholestérol (LDL-C).

SALADE DE FREGOLA SARDE (OU PETITES PÂTES)

POUR 4 PERSONNES • PRÉPARATION : 15 MIN • CUISSON : 14 MIN

350 g de fregola sarde (ou petites pâtes)
150 g de petits pois surgelés
2 cuil. à soupe de pistaches vertes
2 salades trévise
1 orange à jus
2 cuil. à soupe d'huile d'olive
1 cuil. à soupe de jus de citron
20 brins de ciboulette
10 brins de persil
sel - poivre

1 Faites chauffer une casserole d'eau salée et jetez-y les pâtes pour 14 minutes de cuisson. Égouttez-les et refroidissez-les sous un filet d'eau. Débarrassez dans un saladier.

2 Faites à nouveau chauffer de l'eau salée dans une casserole et ébouillantez les petits pois pendant 5 minutes. Égouttez-les et passez-les sous un filet d'eau froide pour les rafraîchir avant de les ajouter aux pâtes avec les pistaches grossièrement concassées au couteau, la salade rincée, séchée et finement émincée.

3 Pressez l'orange, récupérez l'équivalent de 2 cuillerées à soupe de jus et mélangez-le dans un bol avec l'huile d'olive, le jus de citron, les feuilles de persil et de ciboulette ciselées.

4 Arrosez la salade de vinaigrette, salez, poivrez et mélangez soigneusement avant de déguster.

QU'EN PENSE LE NUTRITIONNISTE ?

Les pâtes sont une source de glucides complexes lentement assimilés, ce qui procure un index glycémique faible. Elles ont l'intérêt d'apporter également des protéines végétales et des fibres. On peut utiliser toutes sortes de farines pour faire les pâtes, y compris sans gluten, comme les pâtes de sarrasin, de quinoa ou de riz.
Les petits pois sont rassasiants. Ils appartiennent à la famille des légumineuses comme les lentilles ou les haricots blancs mais on les consomme frais et non secs. Le petit pois, même surgelé, est plus riche en glucides que les légumes. Associer les petits pois à des céréales permet d'optimiser le bilan protéique en fournissant tous les acides aminés essentiels !

GASPACHO DE TOMATES VERTES

SANS gluten

POUR 4 PERSONNES • PRÉPARATION : 15 MIN • RÉFRIGÉRATION : 1 H

6 tomates « green zebra »
1 poivron vert
1/2 concombre
2 oignons blancs frais
3 cuil. à soupe d'huile d'olive
20 cl d'eau de coco
Tabasco® vert
1 cuil. à café de graines de lin
4 branches de coriandre
1 citron vert
sel - poivre

1 Lavez les tomates et séchez-les. Coupez-les en deux pour ôter les graines et le pédoncule. Coupez le poivron en deux pour ôter les graines. Pelez le concombre et coupez-le en rondelles. Épluchez et coupez grossièrement les oignons blancs.

2 Placez tous les ingrédients dans le bol d'un mixeur et réduisez-les en purée fine en ajoutant l'huile d'olive au fur et à mesure puis l'eau de coco jusqu'à obtention de la consistance désirée.

3 Versez le gaspacho dans un saladier, couvrez-le avec un film étirable et placez-le 1 heure au réfrigérateur.

4 Répartissez le gaspacho dans des assiettes creuses, ajoutez deux ou trois gouttes de Tabasco®, salez, poivrez et mélangez. Décorez de pluches de coriandre et de graines de lin, ajoutez un trait de citron vert et dégustez sans attendre.

Notre suggestion : avec des dés de polenta grillée, cette soupe froide sera encore plus gourmande !

QU'EN PENSE LE NUTRITIONNISTE ?

Cette recette est un booster antioxydant mais ne contient pas de protéines, donc dégustez-la en entrée. Sa richesse en fibres permet de rassasier et de freiner l'appétit sur un plat plus roboratif qui suivra. Ce gaspacho a l'avantage d'être très peu calorique (les calories proviennent essentiellement de l'huile). Les graines de lin fournissent des oméga 3 (protecteurs cardio-vasculaires). Avec en bonus l'eau de coco, qui, sans apporter de calories à la recette, lui donne une texture particulièrement savoureuse…

VELOUTÉ DE LENTILLES CORAIL À LA CRÈME DE RIZ

SANS gluten

POUR 4 PERSONNES • PRÉPARATION : 15 MIN • CUISSON : 35 MIN

250 g de lentilles corail
1 oignon doux
1 petite carotte
1 cube de bouillon de légumes bio
1 feuille de laurier
1 branche de thym
50 cl de crème de riz
1 cuil. à café de graines de carvi
quelques pluches de cerfeuil
1 cuil. à soupe d'huile d'olive
sel - poivre

1 Épluchez et émincez l'oignon. Épluchez et coupez la carotte en petits dés. Versez l'huile d'olive dans une casserole et faites-y suer l'oignon avec la carotte. Ajoutez les lentilles, le cube de bouillon émietté, le laurier et le thym. Couvrez de 80 cl d'eau et laissez cuire 20 à 25 minutes à couvert.

2 Ôtez le laurier et le thym, versez les lentilles dans le bol du mixeur avec l'intégralité du bouillon et mixez jusqu'à l'obtention d'une crème lisse. Délayez le velouté avec la crème de riz. Salez et poivrez.

3 Répartissez la soupe dans les assiettes, saupoudrez de graines de carvi et décorez de pluches de cerfeuil avant de déguster chaud.

Notre suggestion : pour obtenir une texture ultra lisse, passez ce velouté au chinois. Et pour un velouté encore plus gourmand, coupez 150 g de tofu en dés et faites revenir ces derniers dans une poêle avec 1 cuil. à café d'huile de coco pendant 5 à 7 minutes. Ajoutez les dés à la surface du velouté au moment de servir.

QU'EN PENSE LE NUTRITIONNISTE ?

Indispensables dans le cadre d'un régime végétalien, les lentilles sont une bonne source de protéines végétales et de glucides complexes. Très riches en fibres – ce qui augmente la sensation de satiété –, elles sont habituellement mieux digérées que les autres légumineuses. Elles sont aussi riches en fer !

Le tofu est obtenu par coagulation du jus de soja, qui prend alors une consistance assimilable à celle de fromage frais. Le sulfate de calcium employé par les fabricants pour coaguler le jus de soja assure un apport calcique raisonnable. Associer du tofu aux lentilles permet de couvrir l'ensemble des besoins en acides aminés et d'optimiser l'apport protéique.

VELOUTÉ DE CHAMPIGNONS AU LAIT D'AMANDE

SANS gluten

POUR 4 PERSONNES • PRÉPARATION : 15 MIN • CUISSON : 15 MIN

500 g de champignons de Paris
1 oignon jaune
1 gousse d'ail
1 feuille de laurier
1 branche de thym
1 cube de bouillon de légumes bio
50 cl de lait d'amande
1 noix muscade
1 cuil. à soupe d'huile d'olive
sel - poivre

1 Lavez les champignons et coupez-les en quatre. Réservez. Épluchez l'oignon et émincez-le finement. Épluchez la gousse d'ail.

2 Versez l'huile d'olive dans une casserole et faites-y suer l'oignon à feu doux. Ajoutez ensuite le laurier, le thym et la gousse d'ail entière. Mélangez.

3 Ajoutez les champignons de Paris et le cube de bouillon émietté, puis mouillez avec 80 cl d'eau. Laissez mijoter 15 minutes à couvert.

4 Ôtez l'ail, le laurier et le thym, versez les champignons dans le bol du mixeur avec l'intégralité du bouillon et mixez jusqu'à l'obtention d'une crème lisse. Versez dans une soupière et délayez avec le lait d'amande. Salez, poivrez et mélangez avant de servir dans des bols saupoudré de noix muscade râpée.

QU'EN PENSE LE NUTRITIONNISTE ?

Les champignons sont très riches en vitamine B, en fibres, en sélénium, en zinc, en cuivre, en fer, en phosphore, en potassium. Il apportent davantage de protéines que les autres végétaux, même si la teneur en protéines n'excède pas 4 %. Actuellement, le problème majeur des champignons est leur capacité à concentrer les métaux lourds comme le cuivre, le cadmium, le plomb, le mercure. On ira donc chercher ses champignons dans les magasins bio et on évitera de les cueillir en bord de route !

BOUILLON DE FENOUIL AU QUINOA

SANS gluten

POUR 4 PERSONNES • PRÉPARATION : 15 MIN • CUISSON : 20 MIN

3 bulbes de fenouil
150 g de quinoa rouge
1 boîte de haricots blancs (400 g)
1 oignon jaune
2 gousses d'ail
1 cuil. à café de curcuma
1 cube de bouillon de légumes bio
10 branches d'aneth
1 citron
2 cuil. à soupe d'huile d'olive
sel - poivre

1 Faites cuire le quinoa en suivant les indications du paquet. Pendant ce temps, lavez et émincez finement les bulbes de fenouil à la mandoline et faites-les blanchir 5 à 7 minutes dans une casserole d'eau chaude salée. Rafraîchissez-les sous un filet d'eau froide et réservez.

2 Égouttez et rincez les haricots blancs. Réservez. Pelez et hachez l'oignon. Pelez les gousses d'ail, fendez-les en deux et retirez le germe.

3 Versez l'huile dans une casserole et faites-y revenir 5 minutes, sans colorer, l'oignon, les gousses d'ail et enfin le curcuma. Ajoutez les haricots, le fenouil émincé, le cube de bouillon émietté et mouillez avec 80 cl d'eau. Laissez cuire 5 à 7 minutes à couvert.

4 Versez dans les assiettes en retirant les gousses d'ail. Ajoutez 2 cuillerées à soupe de quinoa égoutté, décorez de pluches d'aneth et assaisonnez avec un trait de jus de citron et un tour de moulin à poivre au moment de servir.

QU'EN PENSE LE NUTRITIONNISTE ?

On trouve dans le fenouil de la vitamine C, de l'acide folique (bon pour les femmes enceintes), du potassium, du calcium, du fer, du magnésium. Le quinoa est une plante et non une céréale comme beaucoup le pensent : cette plante est voisine de la betterave et est richement pourvue en magnésium, en fibres, en protéines végétales et en fer. Le quinoa est de plus assez peu calorique (115 calories pour 100 g). Il est donc vivement recommandé dans le cadre d'un régime végétalien.

MINESTRONE VERDE

POUR 4 PERSONNES • PRÉPARATION : 15 MIN • CUISSON : 40 MIN

350 g de pâtes risoni
1 courgette
200 g de petits pois frais écossés ou surgelés
200 g de jeunes fèves mondées surgelées
1 botte d'asperges vertes (12 asperges)
1 cube de bouillon de légumes bio
10 branches de coriandre
1 douzaine de brins de cerfeuil
10 brins de persil
sel - poivre du moulin

1 Faites cuire les pâtes 11 minutes en les plongeant dans une casserole d'eau chaude salée. Égouttez et réservez.

2 Lavez la courgette et coupez-la en petits dés de 5 mm de côté. Faites blanchir successivement, 5 minutes dans une casserole d'eau chaude salée, la courgette, les petits pois, puis les fèves, et enfin les asperges pelées et raccourcies de 5 cm. Égouttez les légumes, rafraîchissez-les sous un filet d'eau froide et réservez.

3 Versez 80 cl d'eau dans une casserole et émiettez-y le cube de bouillon. Jetez-y les légumes verts et les asperges fendues en deux dans le sens de la longueur. Laissez frémir à feu doux pendant 10 minutes.

4 Répartissez le bouillon de légumes dans les assiettes, ajoutez 2 grosses cuillerées à soupe de pâtes. Décorez de pluches de coriandre et de cerfeuil, de persil ciselé et donnez un tour de moulin à poivre.

QU'EN PENSE LE NUTRITIONNISTE ?

Les fèves sont richement pourvues en protéines végétales et sont source de glucides complexes, de fibres et de vitamine C. Les pâtes risoni apportent des glucides complexes et ont l'avantage de présenter un index glycémique bas. Les petits pois sont plus caloriques que les autres légumes mais ils sont bien pourvus en protéines végétales. Ils apportent des glucides rassasiants avec un index glycémique relativement faible. Les asperges sont riches en fibres et ont une action diurétique grâce à des composants spécifiques comme les fructosanes. Elles fournissent de l'acide folique, utile dans la multiplication cellulaire et la formation des globules rouges. Les vitamines se concentrent dans les pointes.

SOUPE AU CHOU VERT

SANS gluten

POUR 4 PERSONNES • PRÉPARATION : 20 MIN • CUISSON : 50 MIN

1 chou vert frisé
250 g de riz noir complet
1 oignon blanc doux
1 cube de bouillon de légumes bio
100 g de noisettes décortiquées
1 bouquet de cerfeuil
1 citron vert
2 cuil. à soupe d'huile d'olive
sel - poivre du moulin

1 Faites cuire le riz pendant 30 minutes dans une casserole d'eau salée. Égouttez-le et passez-le sous un filet d'eau froide pour stopper la cuisson. Réservez.

2 Ôtez les premières feuilles du chou et débarrassez-le de son trognon. Émincez-le en lanières et plongez-le 5 minutes dans de l'eau bouillante salée pour le blanchir. Égouttez-le soigneusement.

3 Versez l'huile dans la casserole et faites-y revenir, sans le colorer, l'oignon épluché et finement haché. Ajoutez le chou. Remuez pendant 2 à 3 minutes, puis couvrez avec 80 cl d'eau et ajoutez le cube de bouillon émietté. Laissez frémir pendant 10 minutes à feu doux. Pendant ce temps, concassez grossièrement les noisettes et toastez-les dans une poêle sèche. Réservez.

4 Répartissez le bouillon de légumes dans les assiettes, ajoutez 2 grosses cuillerées à soupe de riz. Décorez de pluches de cerfeuil, donnez un tour de moulin à poivre et assaisonnez d'un trait de jus de citron vert et de sel.

Notre suggestion : remplacez le riz par des haricots blancs et ajoutez un peu de lait de coco pour encore plus de gourmandise.

QU'EN PENSE LE NUTRITIONNISTE ?

Le riz noir est un aliment très digeste, particulièrement bien assimilé. Sa couleur est liée à sa richesse en anthocyanes et contient des minéraux comme le fer.
Sa richesse en protéines végétales en fait son attrait, même si tous les acides aminés ne sont pas présents. Les noisettes participent à l'intérêt nutritionnel de cette recette grâce à l'apport en minéraux. Une étude récente confirme l'intérêt cardio-vasculaire des fruits oléagineux : profitez-en !

TABOULÉ DE QUINOA

SANS gluten

POUR 4 PERSONNES • PRÉPARATION : 20 MIN • CUISSON : 10 MIN

4 verres (250 g) de quinoa blanc
1 cube de bouillon de légumes bio
1 concombre
4 oignons nouveaux
2 poivrons verts
2 avocats
3 cuil. à soupe d'huile d'olive
le jus d'1 citron vert
le jus d'1 citron jaune
3 cuil. à soupe de pistaches non salées
10 branches de coriandre
paprika
sel - poivre

1 Rincez les graines de quinoa sous un filet d'eau froide. Versez 50 cl d'eau dans la casserole et ajoutez-y le cube de bouillon de légumes puis, quand il est fondu, le quinoa. Laissez cuire 10 minutes. Égouttez et faites refroidir dans un saladier.

2 Pendant ce temps, épluchez le concombre et fendez-le en deux afin d'ôter les graines. Coupez-le en petits dés. Épluchez les oignons, émincez-les en fines rondelles. Rincez les poivrons, coupez-les en deux pour retirer les graines avant de les couper en petits dés. Pelez et ôtez le noyau des avocats et tranchez-les finement. Réservez le tout.

3 Ajoutez et mélangez tous les légumes, sauf l'avocat, au quinoa, puis arrosez le taboulé avec une vinaigrette composée d'huile d'olive et du jus des citrons. Salez et poivrez.

4 Répartissez dans les assiettes et décorez avec des tranches d'avocat saupoudrées de paprika, des pistaches grossièrement concassées et des pluches de coriandre.

Notre suggestion : avec du tofu ferme gratté à l'aide d'une râpe à parmesan, cette entrée peut devenir un plat de résistance bien protéiné.

QU'EN PENSE LE NUTRITIONNISTE ?

Le quinoa est une source de glucides complexes, fournissant des fibres, des minéraux, des vitamines, en particulier du groupe B. On cuisine le quinoa comme le riz, il offre ainsi une alternative originale aux sempiternels autres féculents.
L'avocat apporte des acides gras monoinsaturés comme l'huile d'olive, ce qui apparaît bénéfique en faible quantité pour la prévention cardio-vasculaire. On y trouve également de la vitamine E, puissant antioxydant et qui régénère le stock de vitamine C de l'organisme, ainsi que du potassium, du fer, du zinc, du magnésium et des fibres. Les poivrons verts sont très riches en fibres, en vitamine C et en antioxydants.

SALADE TIÈDE DE HARICOTS VERTS

SANS gluten

POUR 4 PERSONNES • PRÉPARATION : 20 MIN • CUISSON : 20 MIN • REPOS : 2 H

Pour la polenta :

150 g de polenta précuite

1 cube de bouillon de légumes bio

2 cuil. à soupe d'huile d'olive

Pour la salade :

800 g de haricots verts

1 douzaine d'olives violettes

2 cuil. à soupe d'huile d'olive

1 cuil. à soupe d'huile de noisette

1 cuil. à soupe de vinaigre balsamique blanc

10 brins de persil

1 cuil. à café de sésame blanc

sel - poivre

1 Portez à ébullition 65 cl d'eau avec le cube de bouillon de légumes émietté. Versez la polenta en pluie pour 3 minutes de cuisson sans cesser de remuer. Ajoutez 1 cuillerée à soupe d'huile d'olive et remuez avant d'étaler le mélange sur 1,5 cm d'épaisseur sur une plaque recouverte de papier sulfurisé. Laissez refroidir 2 heures avant de découper en cubes.

2 Versez 1 cuillerée à soupe d'huile dans une poêle chaude et faites colorer rapidement les dés de polenta avant de les éponger sur du papier absorbant. Maintenez au chaud couvert d'une assiette.

3 Pendant ce temps, rincez et équeutez les haricots verts et faites-les cuire 15 minutes dans de l'eau bouillante salée. Égouttez-les et plongez-les quelques secondes dans un saladier d'eau glacée pour stopper la cuisson et les garder bien verts. Égouttez-les à nouveau et placez-les dans un saladier. Ajoutez les olives dénoyautées et coupées en quatre. Mélangez.

4 Arrosez la salade d'une vinaigrette composée d'huile d'olive, d'huile de noisette et de vinaigre balsamique. Salez et poivrez à votre convenance. Répartissez dans les assiettes et garnissez de cubes de polenta frits. Parsemez de sésame et de pluches de persil.

QU'EN PENSE LE NUTRITIONNISTE ?

Le haricot vert est un allié minceur pauvre en calories avec des fibres douces bien tolérées. C'est un concentré de potassium, de calcium, de magnésium, de sélénium, de cuivre, de fer et même de vitamines comme la B9 (acide folique) et un peu de vitamine C. Le mélange d'huile est très intéressant, car on associe des acides gras monoinsaturés avec des polyinsaturés. La polenta est une farine de maïs riche en caroténoïdes, qui lui procurent sa couleur jaune. Elle dispose d'un fort pouvoir rassasiant.

KETCHUP AUX POMMES

SANS gluten

POUR 2 BOUTEILLES DE 30 CL • PRÉPARATION : 15 MIN • CUISSON : 45 MIN

700 g de tomates jaunes
2 pommes type gala ou Juliet®
2 oignons jaunes
1 banane
2 feuilles de laurier
1 clou de girofle
1 cuil. à café de paprika
1 cuil. à café de massalé
1/2 cuil. à café de curcuma
1/2 cuil. à café de cannelle
3 cuil. à soupe de vinaigre balsamique de pomme
1 cuil. à soupe de sucre roux
1 cuil. à café de concentré de tomate
2 cuil. à soupe d'huile d'olive
sel - poivre

1 Coupez les tomates en quartiers et épépinez-les. Pelez-les pommes, débarrassez-les de leur trognon et coupez-les en quartiers. Pelez et émincez finement les oignons. Épluchez et coupez la banane en rondelles.

2 Versez l'huile d'olive dans une casserole et faites-y suer les oignons, sans colorer. Ajoutez les pommes, la banane, les tomates, les épices, le laurier, le clou de girofle, le vinaigre, le sucre et le concentré de tomate. Salez, poivrez. Mélangez scigneusement tous les ingrédients et laissez cuire à feu doux 40 minutes.

3 Ôtez le laurier et le clou de girofle et versez la purée dans le mixeur. Mixez finement et versez le ketchup dans des bouteilles en verre propre. Ce ketchup se conserve au réfrigérateur une dizaine de jours.

QU'EN PENSE LE NUTRITIONNISTE ?

Les épices comme le curcuma possèdent des vertus digestives. Le curcuma est utilisé en médecine pour ses propriétés anti-inflammatoires, il a une action antioxydante et pourrait booster le système immunitaire. La cannelle provient d'un arbre de Ceylan et se présente sous forme de bâtonnets enroulés sur eux-mêmes. Très appréciée pour sa saveur sucrée et un peu piquante, elle est également riche en antioxydants.

CONFITURE DE FIGUES NOIRES

SANS gluten

POUR 1 POT • PRÉPARATION : 5 MIN • MACÉRATION : 12 H • CUISSON : 40 MIN

500 g de figues violettes (12 figues)
1 cuil. à café de graines de fenouil
175 g de sucre roux
le jus d'1 citron
poivre

1 Écrasez les graines de fenouil au pilon et versez-les dans un saladier avec les figues rincées, séchées et fendues en deux et le sucre. Remuez pour bien imprégner les fruits. Couvrez et laissez macérer 1 nuit au réfrigérateur.

2 Versez la préparation dans une casserole et faites chauffer à feu doux. Retirez les figues lorsque le mélange commence à bouillir et réservez. Faites bouillonner le sirop afin qu'il épaississe et nappe le dos d'une cuillère.

3 Remettez les figues dans la casserole, arrosez du jus du citron, et poursuivez la cuisson 20 minutes en remuant régulièrement et en ôtant l'écume si besoin.

4 Poivrez à votre convenance avant de verser dans le pot. Fermez le pot et retournez-le pour le laisser refroidir.

Notre suggestion : cette confiture est parfaite sur des légumes grillés et du pain noir.

QU'EN PENSE LE NUTRITIONNISTE ?

Le fenouil est très léger en calories et donne une odeur anisée. Les graines de fenouil sont des alliées pour la digestion, qu'elles facilitent. Les minéraux contenus dans le fenouil, comme le potassium, le calcium, le magnésium, sont de plus utiles au bon fonctionnement neuromusculaire.

CHUTNEY D'OIGNONS ROUGES

SANS gluten

POUR 1 POT • PRÉPARATION : 10 MIN • CUISSON : 1 H

3 oignons rouges
2C cl de vin rouge naturel
4 cuil. à soupe de vinaigre balsamique rouge
1,5 cuil. à soupe de sucre d'agave
1/2 cuil. à café de coriandre moulue
1 feuille de laurier
4 branches de thym
1 cuil. à soupe d'huile de pépins de raisin
sel - poivre

1 Épluchez et émincez les oignons. Déposez-les dans une casserole avec l'huile et faites-les suer pendant une dizaine de minutes.

2 Mouillez avec le vin et le vinaigre, ajoutez le sucre d'agave, la coriandre, la feuille de laurier et le thym et laissez mijoter à feu doux pendant 40 minutes. Prolongez la cuisson si la préparation vous semble trop liquide.

3 Salez et poivrez à votre convenance. Versez dans un pot et laissez refroidir.

QU'EN PENSE LE NUTRITIONNISTE ?

Voilà une recette antioxydante qui boostera vos défenses immunitaires ! L'oignon renferme de la quercétine, qui appartient à la famille des flavonoïdes et exerce un effet antioxydant. On conseille une consommation régulière, même faible, d'oignon en raison de ses avantages cardio-vasculaires et anticancéreux (poumon). La couleur rouge de l'oignon fait qu'il est plus riche en antioxydants. Le vin cuit apporte les calories sans les méfaits de l'alcool. Les propriétés bénéfiques du vin (surtout rouge) proviennent des pigments anthocyaniques, des tanins et du resvératrol du raisin, à la puissante action antioxydante.

GALETTES AU TOFU ET CAPONATA

POUR 4 PERSONNES • PRÉPARATION : 35 MIN • CUISSON : 1 H • MARINADE : 30 MIN

Pour la caponata :

2 aubergines
1 branche de céleri
3 tomates bien mûres
1 oignon jaune
2 gousses d'ail
1 cuil. à soupe de raisins secs
100 g d'olives noires
1 cuil. à café de sucre roux
1 cuil. à soupe de vinaigre balsamique
1 cuil. à soupe de câpres
4 cuil. à soupe d'huile d'olive
sel - poivre

Pour les galettes :

250 g de riz gluant
250 g de tofu ferme
3 cuil. à soupe de sauce soja
2 cuil. à soupe de jus de citron
1 cuil. à soupe de sirop d'agave
1 cuil. à soupe d'huile de sésame
1 cuil. à café d'huile de tournesol

1 Lavez, essuyez puis coupez les aubergines en dés. Lavez, séchez, coupez le céleri en dés et ciselez les feuilles. Lavez, épépinez et coupez les tomates en dés. Épluchez et hachez l'oignon.

2 Versez l'huile dans une cocotte et faites suer l'oignon. Ajoutez les gousses d'ail en chemise écrasées avec le plat d'une lame de couteau, puis les aubergines et laissez fondre à feu doux pendant 15 minutes. Intégrez ensuite les tomates, le céleri, les raisins secs, les olives dénoyautées et grossièrement hachées et le sucre. Laissez mijoter doucement pendant 20 minutes Versez le vinaigre balsamique et les câpres et poursuivez la cuisson 5 minutes. Salez, poivrez et éteignez le feu pour laisser tiédir.

3 Rincez le riz gluant à l'eau claire et faites-le cuire une vingtaine de minutes dans un cuit-vapeur. Débarrassez sur une plaque et étalez-le sur 1 cm d'épaisseur pour le laisser refroidir. Taillez des rectangles de riz et faites-les dorer à la poêle dans l'huile de tournesol. Maintenez au chaud sous une assiette.

4 Tranchez le tofu en 4 bâtonnets et mettez-les à mariner 30 minutes dans la sauce soja. Égouttez le tofu et faites-le frire à la poêle avec l'huile de sésame. Débarrassez et déglacez la poêle avec la marinade additionnée du jus de citron et du sirop d'agave. Faites caraméliser, puis nappez le tofu de cette sauce. Gardez au chaud.

5 Dressez les galettes de riz dans les assiettes et déposez dans chacune 1 bâtonnet de tofu et 1 cuillerée de caponata.

QU'EN PENSE LE NUTRITIONNISTE ?

Cette caponata est un concentré d'antioxydants et de minéraux ! Peu caloriques, les câpres stimulent l'appétit et facilitent la digestion. Le tofu est bien pourvu en protéines et en calcium. La sauce soja est fabriquée à partir de fèves de soja cuites et salées puis fermentées. Elle est aussi peu calorique et très digeste.

PLATS

LES CONSEILS DU NUTRITIONNISTE

L'ÉQUILIBRE ALIMENTAIRE VÉGÉTALIEN

Éviter les carences en protéines

La composition d'un repas équilibré s'articule autour de l'apport en protéines, restreintes aux protéines végétales dans le cadre d'une alimentation végétalienne.

Attention : plus on vieillit, plus l'apport en protéines doit être surveillé ! En effet, les personnes âgées voient leur masse musculaire fondre au profit d'un accroissement de la masse grasse, ce qui est facteur de risque de chute et de perte d'autonomie. Pour prévenir cette perte musculaire, appelée sarcopénie, il est recommandé de consommer, à l'âge adulte, des protéines de bonne qualité et en quantité suffisante.

Vous pouvez viser un apport moyen d'1 g de protéines par kilo de poids par jour, soit par exemple, pour un individu de 70 kg : 70 g de protéines quotidiennes.

Pour optimiser cet apport protéique, il est possible d'équilibrer ses menus sur plusieurs jours.

L'importance de l'équilibre acido-basique

Tout est question de mesure : un manque de protéines est néfaste pour l'organisme, mais à l'inverse, une surconsommation l'est aussi !

Un excès de protéines, en particulier carnées, favorise en effet le déséquilibre du pH (ou potentiel hydrogène, unité de mesure du degré d'acidité ou d'alcalinité) de l'organisme, qui devient acide – ce qui est le penchant de notre mode de vie occidental actuel.

La dégradation des protéines produit des déchets métaboliques acides qui favorise l'émergence de bon nombre de maladies, comme les maladies chroniques inflammatoires, qu'elles soient rhumatologiques, métaboliques (diabète, obésité), les ostéopénies, le vieillissement cellulaire avec une moindre résistance aux infections et un déficit immunitaire. Cet excès acide est théoriquement contrebalancé par l'apport en éléments basiques retrouvés dans les légumes et les fruits. Les protéines végétales contiennent, quant à elles, des sels minéraux variés qui compensent en partie leur action acidifiante. Leurs acides sont de plus « volatiles », c'est-à-dire plus faciles à éliminer grâces aux poumons, tandis que les acides provenant d'aliments carnés sont plus difficiles à éliminer et surchargent les reins.

Le maintien de l'équilibre acido-basique dans notre alimentation est donc indispensable. Je recommande de viser, par repas, 60 % d'aliments alcalinisants comme les fruits et légumes et 40 % d'aliments acidifiants ou partiellement acidifiants comme les protéines végétales.

Groupes d'aliments majoritairement alcalins	Groupes d'aliments majoritairement acides
• Fruits • Légumes • Épices et fines herbes • Oléagineux • Graines germées	• Viandes, poissons, protéines végétales • Agrumes • Produits laitiers • Céréales raffinées • Produits transformés et desserts • Boissons contenant de la caféine • Thé noir • Alcool

Les aliments neutres sur le plan acido-basique sont, dans le cadre végétarien, certaines céréales et plantes riches en minéraux, comme le quinoa, le millet et le seigle, et les huiles de première pression à froid (sauf l'huile d'arachide qui est acidifiante).

En résumé : une alimentation riche en fibres et composée de peu de graisses et d'un peu plus de protéines que la moyenne augmenterait la diversité de la flore bactérienne intestinale (le microbiote intestinal).

SALADE DE TAGLIATELLES DE COURGETTES

SANS gluten

POUR 4 PERSONNES • PRÉPARATION : 20 MIN • CUISSON : 5 À 10 MIN • REPOS : 20 MIN

4 courgettes
250 g de pois chiches
le jus d'1/2 citron jaune
1 cuil. à soupe de vinaigre balsamique blanc
3 cuil. à soupe d'huile d'olive
2 branches d'aneth
10 brins de ciboulette
2 cuil. à café de graines de lin
1 cuil. à café d'huile de tournesol
sel - poivre

1 Égouttez et rincez les pois chiches. Faites chauffer une poêle avec l'huile de tournesol. Versez-y les pois chiches pour les rôtir 5 à 10 minutes.

2 Lavez les courgettes et séchez-les avec un papier absorbant. À l'aide d'une mandoline, coupez-les très finement dans le sens de la longueur. Placez les lamelles de courgette sur une planche pour les découper finement en tagliatelles. Versez dans un saladier, arrosez de jus de citron, mélangez et laissez-les s'assouplir pendant 20 minutes.

3 Préparez la vinaigrette en mélangeant le vinaigre et l'huile d'olive. Versez sur la salade de courgettes en même que les pois chiches, les pluches d'aneth et la ciboulette ciselée. Salez, poivrez et mélangez.

4 Dressez sur des assiettes. Saupoudrez de graines de lin avant de servir.

Notre suggestion : remplacez les courgettes par des asperges vertes croquantes.

QU'EN PENSE LE NUTRITIONNISTE ?

L'huile de tournesol fournit des oméga 6 tandis que les graines de lin apportent des oméga 3 et l'huile d'olive des oméga 9. Cette recette ne contient pas de graisses saturées et fournit des protéines végétales grâce aux pois chiches qui ont un index glycémique faible. La ciboulette apporte des éléments antioxydants et serait utile dans la prévention de certains cancers, de l'estomac, de l'œsophage et de la prostate. Consommer des herbes de la famille des alliacées comme la ciboulette diminuerait la croissance bactérienne dans l'estomac, limitant ainsi les agents cancérigènes.

TOMATES FARCIES CROQUANTES

SANS gluten

POUR 4 PERSONNES • PRÉPARATION : 25 MIN • CUISSON : 1 H • RÉFRIGÉRATION : 30 MIN

8 tomates rouges et vertes
200 g de graines d'amarante
2 cuil. à café de bouillon de légumes déshydraté
1 échalote
125 g de lentilles blondes
1 bouquet garni
1 oignon jaune
2 cuil. à café de câpres
1,5 cuil. à soupe d'huile de colza
1 cuil. à soupe de vinaigre de cidre
4 branches de persil
10 branches de cerfeuil
2 cuil. à café d'huile d'olive
sel - poivre

1 Rincez les graines d'amarante à l'eau froide dans un tamis très fin et faites-les cuire dans une casserole d'eau aromatisée d'1 cuillerée à café de bouillon de légumes en suivant la recette du paquet et pendant 25 minutes. Versez dans un saladier et laissez refroidir.

2 Épluchez et hachez l'échalote. Faites-la blondir dans une casserole avec 1 cuillerée à café d'huile d'olive. Jetez-y les lentilles, le bouquet garni et couvrez d'eau chaude aromatisée d'1 cuillerée à café de bouillon de légumes. Laissez cuire environ 30 minutes.

3 Pendant ce temps, épluchez et hachez finement l'oignon. Faites-le revenir, sans colorer, 2 à 3 minutes à la poêle avec un peu d'huile d'olive. Égouttez les lentilles et ajoutez-les à l'amarante, avec les câpres et l'oignon revenu.

4 Préparez une vinaigrette en mélangeant l'huile de colza et le vinaigre de cidre. Salez, poivrez et versez sur le mélange de graines. Entreposez au réfrigérateur 30 minutes.

5 Découpez un chapeau dans les tomates et évidez-les pour les remplir de farce agrémentée de persil ciselé et de pluches de cerfeuil.

Notre suggestion : passez ces tomates farcies au four pendant une vingtaine de minutes si vous préférez manger chaud.

QU'EN PENSE LE NUTRITIONNISTE ?

L'amarante est une plante d'origine mexicaine. Sa richesse en lysine est intéressante car cet acide aminé est absent dans la plupart des céréales. Les graines d'amarante sont consommées grillées ou sous forme de farine. Elles contiennent des acides gras polyinsaturés aidant à lutter contre les inflammations chroniques.

RISOTTO D'ORGE PERLÉ

POUR 4 PERSONNES • PRÉPARATION : 15 MIN • CUISSON : 50 MIN

200 g d'orge perlé
8 oignons nouveaux
1 cuil. à soupe de bouillon de légumes déshydraté
2 courgettes
1 cuil. à café de cardamome moulue
20 cl de crème de riz
4 cuil. à soupe de noisettes
2 cuil. à soupe d'huile d'olive
sel - poivre

Pour le pesto :
4 fleurs de brocoli
4 branches de persil
1/2 gousse d'ail
1 cuil. à soupe de chapelure de pain
1 cuil. à soupe de pignons de pin
5 cuil. à soupe d'huile d'olive
sel - poivre

1 Épluchez les oignons et coupez-les en quatre en gardant 5 cm de tige. Faites-les fondre sans colorer dans une casserole avec 1 cuillerée à soupe d'huile d'olive, puis jetez-y l'orge. Remuez pour imprégner les graines, couvrez-les avec 4 fois leur volume d'eau, saupoudrez de bouillon de légumes, mélangez et laissez cuire jusqu'à absorption complète.

2 Pendant ce temps, rincez les courgettes sous un filet d'eau froide et taillez-les en petits dés. Faites-les fondre dans une poêle avec 1 cuillerée à soupe d'huile d'olive et la cardamome pendant 5 à 7 minutes. Salez, poivrez et réservez au chaud.

3 Préparez le pesto en rinçant les fleurs de brocoli sous un filet d'eau froide et ébouillantez-les 5 minutes dans une casserole d'eau. Égouttez-les et placez-les dans le bol du mixeur avec le persil effeuillé, la demi-gousse d'ail, les pignons de pin et la chapelure. Salez, poivrez et mixez finement en purée en versant l'huile d'olive petit à petit.

4 Ajoutez la crème de riz au risotto d'orge. Mélangez. Incorporez les dés de courgettes et dressez en assiettes. Déposez 1 cuillerée à soupe de pesto, saupoudrez de noisettes concassées et dégustez.

QU'EN PENSE LE NUTRITIONNISTE ?

L'orge est une source de glucides complexes et de fibres solubles. On y trouve des protéines mais pas tous les acides aminés, d'où l'intérêt de la crème de riz. La teneur en fibres type bêta-glucanes permet de stabiliser la glycémie, un atout pour les diabétiques ou prédiabétiques comme pour les personnes en surpoids dans la région abdominale. Dans l'orge, on trouve également des minéraux, comme le magnésium, le fer, le sélénium, des vitamines du groupe B, des antioxydants comme la vitamine E.
La richesse en vitamine C du brocoli confère à cette recette des vertus antioxydantes probantes avec un bénéfice cardio-vasculaire et anticancéreux.

CRUMBLE DE COURGETTES

SANS gluten

POUR 4 PERSONNES • PRÉPARATION : 20 MIN • CUISSON : 35 MIN

- 6 courgettes
- 2 cuil. à soupe de pignons de pin
- 50 g de farine de sarrasin
- 60 g de poudre d'amandes
- 50 g de margarine végétale
- 1 oignon rouge
- 1 gousse d'ail
- 3 branches de menthe
- 50 g de noisettes
- 2 cuil. à soupe d'huile d'olive
- sel - poivre

1 Préchauffez le four à 210 °C (th. 7). Toastez à sec les pignons de pin. Réservez. Mélangez la farine et la poudre d'amandes. Incorporez-y la margarine très froide et travaillez le mélange de manière à obtenir une sorte de sable.

2 Rincez et séchez les courgettes, puis taillez-les en petits dés. Poêlez-les 10 minutes à feu doux dans 1 cuillerée à soupe d'huile d'olive avec l'oignon épluché et haché finement. Salez et poivrez.

3 Graissez un plat à gratin avec le reste d'huile d'olive. Disposez les dés de courgettes en y ajoutant la gousse d'ail écrasée dans sa peau, les pignons de pin et les feuilles de menthe ciselées. Couvrez de crumble et enfournez pour 20 minutes. Saupoudrez de noisettes hachées au moment de servir.

Notre suggestion : ensoleillez cette recette en y ajoutant des tomates séchées.

QU'EN PENSE LE NUTRITIONNISTE ?

La courgette est peu calorique, donc utile pour la gestion du poids. Son apport minéral vient essentiellement du potassium, ce qui en fait un aliment diurétique. On trouve aussi de la vitamine C, de la provitamine A, ce qui accentue le pouvoir antioxydant. Celui-ci est surtout concentré dans la peau de la courgette, qu'il faut de préférence consommer. Cette recette est également antioxydante par la présence de l'oignon et de l'ail.
Les noisettes sont plus bénéfiques entières que décortiquées. Elles contribuent à l'apport protéique végétal, comme les amandes. Les apports en graisses végétales de ces fruits oléagineux sont intéressants car appartenant à la même famille que l'huile d'olive (qui permet de faire baisser le mauvais cholestérol). Les fruits oléagineux les plus riches en vitamine E sont la noisette et l'amande. Avec cette recette, vous boostez donc votre capital antioxydant !

GNOCCHIS AU KALE

POUR 4 PERSONNES • PRÉPARATION : 40 MIN • CUISSON : 40 MIN

Pour les gnocchis :

600 g de purée de pommes de terre bien sèche

125 g de semoule de blé dur fine

1/2 cuil. à café de noix muscade

50 g de farine de blé

huile de noisette

sel - poivre

Pour la sauce :

1 boîte de haricots blancs de 400 g

1 oignon jaune

1 branche de sauge

20 cl de bouillon de légumes

1 cuil. à soupe de purée d'amandes

1/2 citron jaune

1 cuil. à soupe d'huile d'olive

Pour le chou :

3 branches de chou kale

50 cl de bouillon de légumes

1 cuil. à soupe d'huile d'olive

sel - poivre

1 Préparez la sauce : faites suer l'oignon épluché et émincé dans une casserole avec l'huile d'olive. Ajoutez les haricots blancs égouttés, les feuilles de sauge et mouillez avec le bouillon. Faites chauffer 5 minutes à feu moyen.

2 Prélevez les oignons, les haricots blancs et la sauge à l'écumoire et mixez-les avec la purée d'amandes. Délayez si besoin avec le bouillon pour obtenir une sauce crémeuse. Relevez avec un trait de citron et gardez au chaud.

3 Rincez, essuyez et ôtez la côte centrale du kale pour l'émincer finement. Plongez-le dans le bouillon de légumes et faites-le cuire 10 minutes. Égouttez-le et braisez-le 10 minutes à la poêle dans l'huile d'olive. Salez, poivrez et réservez au chaud.

4 Versez la purée dans un saladier et ajoutez-lui la semoule, la farine, la noix muscade et du sel. Pétrissez ce mélange pour obtenir une pâte lisse mais non collante. Ajoutez de la farine si besoin. Formez des petits boudins de la taille de kumquats entre vos mains et plongez-les dans une casserole d'eau bouillante salée. Laissez-les cuire jusqu'à ce qu'ils remontent à la surface de l'eau. Attrapez-les avec l'écumoire et laissez-les patienter dans un saladier, couvert.

5 Salez, poivrez et nappez les gnocchis de sauce au moment de servir avec le chou braisé. Arrosez d'huile de noisette.

Notre suggestion : si vous n'aimez pas le kale, vous pouvez le remplacer par 500 g d'épinards frais… ça fond à la cuisson !

QU'EN PENSE LE NUTRITIONNISTE ?

La purée de pommes de terre affiche un index glycémique très élevé qui se trouve partiellement lissé grâce aux haricots blancs et aux fibres du chou. Celui-ci est riche en bêta-carotène, en vitamine C, en potassium, calcium, fer, magnésium et fibres.

SPAGHETTIS BOLOGNAISE FAÇON VEGGIE

POUR 4 PERSONNES • PRÉPARATION : 35 MIN • CUISSON : 50 MIN

500 g de spaghettis au kamut
1 carotte
1 branche de céleri
1 oignon jaune
2 oignons blancs
1 gousse d'ail
1 boîte de tomates concassées nature de 400 g
1/2 cuil. à café rase de sucre roux
1 feuille de laurier
1 tasse de lentilles corail
50 cl de bouillon de légumes
2 cuil. à soupe d'huile d'olive
1 cuil. à soupe de gros sel
sel - poivre du moulin

Pour le parmesan :
125 g de noix de cajou
5 branches de coriandre
2 branches de persil
1 cuil. à soupe de chapelure de pain grillé

1 Préparez le parmesan en toastant à la poêle et à sec les noix de cajou. Placez-les dans le bol du mixeur avec les herbes et la chapelure de pain. Mixez et versez dans un bol.

2 Épluchez et coupez en petits dés la carotte. Rincez et ôtez les fibres de la branche de céleri pour la tailler comme la carotte. Réservez.

3 Dans une casserole, faites suer l'oignon jaune épluché et émincé, les oignons blancs épluchés et coupés en quatre avec la gousse d'ail écrasée dans 1 cuillerée à soupe d'huile d'olive. Versez les tomates concassées, le sucre et ajoutez le laurier, la carotte et le céleri (avec ses feuilles). Laissez cuire à feu doux 15 minutes. Salez, poivrez et réservez.

4 Faites cuire les lentilles dans le bouillon de légumes pendant 20 minutes. Égouttez-les et ajoutez-les à la sauce tomate.

5 Faites bouillir une grande marmite et ajoutez le gros sel à l'ébullition. Jetez-y les spaghettis pour 5 à 7 minutes de cuisson. Égouttez-les et versez-les dans un plat. Arrosez d'1 cuillerée d'huile d'olive et mélangez. Nappez de sauce tomate et saupoudrez de parmesan au moment de servir avec un tour de moulin à poivre.

QU'EN PENSE LE NUTRITIONNISTE ?

Voici un plat à la saveur originale et riche en protéines, d'autant plus qu'on associe des lentilles à la farine de kamut ! le kamut est une variété de blé riche en protéines végétales (20 à 40 % de protéines en plus que le blé) et en glucides. En en consommant, on fait le plein de fer, potassium, phosphore, magnésium et surtout sélénium, ce qui en fait un atout antioxydant. Il aurait un effet préventif du cancer de la prostate. Les noix de cajou apportent aussi des protéines, ainsi que des oméga 3.

POÊLÉE DE LÉGUMES RACINES

SANS gluten

POUR 4 PERSONNES • PRÉPARATION : 10 MIN • CUISSON : 40 MIN

6 carottes orange
6 carottes violettes
2 panais
2 betteraves chioggia
1 radis blanc
2 gousses d'ail
4 branches de thym
2 cuil. à soupe d'huile d'olive
sel - poivre

Pour la sauce :
25 g de margarine végétale
2 cuil. à soupe de sirop d'érable
1 cuil. à soupe de vinaigre balsamique blanc
le jus d'1 citron
2 cuil. à soupe d'huile d'olive
2 cuil. à soupe d'huile de pépins de raisin

1 Préchauffez le four à 210 °C (th. 7). Nettoyez et brossez les légumes sous un filet d'eau froide. Fendez en deux les carottes et les panais. Coupez les betteraves et le radis en quatre.

2 Disposez-les sur la plaque du four recouverte d'une feuille de papier sulfurisé avec les deux gousses d'ail non pelées. Arrosez d'huile d'olive, parsemez de branches de thym, salez et mélangez les légumes pour bien les imprégner.

3 Enfournez pour 35 à 40 minutes en remuant les légumes toutes les 10 minutes afin qu'ils rôtissent harmonieusement.

4 Pendant ce temps, préparez la vinaigrette en faisant fondre la margarine dans une casserole. Ajoutez le sirop d'érable en mélangeant, puis versez le vinaigre et le jus du citron. Laissez réduire de moitié à feu doux.

5 Retirez du feu et ajoutez les huiles lorsque le liquide a tiédi. Mouillez les légumes de cette vinaigrette, poivrez et servez sans attendre.

QU'EN PENSE LE NUTRITIONNISTE ?

Le panais, la betterave et la carotte sont des légumes racines riches en fibres.
Le bêta-carotène de la carotte se transforme en vitamine A, qui permet la croissance cellulaire, favorise l'immunité et améliore la vision nocturne. La betterave contient, quant à elle, de la bétanine et des polyphénols, ce qui booste son capital antioxydant.
Le panais a un index glycémique élevé mais temporisé par les autres aliments.
Les légumes racines sont très pourvoyeurs de potassium, qui a une action diurétique, ainsi que de magnésium, de fer, d'acide folique, de manganèse. Inutile de prendre des compléments alimentaires avec cette recette !

COUSCOUS TOUT JAUNE

POUR 4 PERSONNES • PRÉPARATION : 25 MIN • CUISSON : 40 MIN • REPOS : 15 MIN

- 400 g de semoule de blé semi-complet
- 1 courge butternut
- 2 oignons rouges
- 1 cuil. à soupe d'huile d'olive
- 1/2 cuil. à café de cannelle
- 1 cuil. à café de coriandre moulue
- 1 cuil. à café de bouillon de légumes déshydraté
- 1 cuil. à café de curcuma
- 2 cuil. à soupe de raisins blonds secs
- 1 cuil. à soupe d'huile d'argan
- 1 petit bouquet de coriandre
- 2 cuil. à soupe de pignons de pin
- sel - poivre

1 Préchauffez le four à 210 °C (th. 7). Épluchez et épépinez la courge butternut et coupez-la en gros cubes. Épluchez et émincez les oignons rouges. Réservez. Répartissez les dés de courge sur une plaque de cuisson couverte d'une feuille de papier sulfurisé.

2 Versez l'huile d'olive dans un petit bol et ajoutez-y la cannelle et la coriandre moulue. Mélangez, puis badigeonnez les dés de butternut de cette huile parfumée. Enfournez pour 40 minutes. Ajoutez les oignons au bout de 25 minutes.

3 Pendant ce temps, versez dans un bol 15 cl d'eau bouillante et faites-y fondre le bouillon de légumes avec le curcuma.

4 Versez la semoule et les raisins dans un saladier et mouillez-les avec le bouillon, puis avec de l'eau chaude jusqu'à recouvrir complètement le couscous. Laissez gonfler 15 minutes. Arrosez d'huile d'argan et séparez les grains à la fourchette.

5 Ajoutez les cubes de courge, les oignons, la coriandre ciselée et les pignons de pin préalablement toastés à sec à la poêle. Mélangez délicatement, poivrez généreusement et salez si besoin.

Notre suggestion : avec des cubes de patate douce confite et des rondelles de carottes jaunes juste blanchies, variez les saveurs et les textures.

QU'EN PENSE LE NUTRITIONNISTE ?

La semoule est riche en glucides complexes et pauvre en lipides. La courge contient de la lutéine et de la zéaxanthine, qui sont des composés antioxydants de la famille des caroténoïdes. Elle est une source de potassium et de fibres tendres et bien supportées. Le curcuma a des propriétés anticancéreuses. Cette recette est donc particulièrement intéressante, car pauvre en graisses et parfaitement digeste !

ROULEAUX DE PRINTEMPS

SANS gluten

POUR 4 PERSONNES • PRÉPARATION : 40 MIN • CUISSON : 45 MIN

8 feuilles de riz
3 feuilles de chou kale
400 g de pleurotes
3 paquets de 200 g de tofu fumé
4 cuil. à soupe de pignons de pin
1 oignon rouge
6 branches de coriandre
6 branches de cerfeuil
10 brins de ciboulette
1 citron vert
1 cuil. à café d'huile de sésame
1 cuil. à café + 1 cuil. à soupe d'huile d'olive
sel - poivre

Pour la sauce :
1 boîte de haricots blancs de 400 g
1 oignon blanc
20 cl de bouillon de légumes
1 cuil. à soupe de purée d'amandes
quelques gouttes de tamari
coriandre en poudre
1 cuil. à soupe d'huile d'olive

1 Préparez la sauce : faites suer l'oignon épluché et émincé dans une casserole avec l'huile d'olive. Ajoutez les haricots blancs égouttés et mouillez avec le bouillon de légumes. Faites chauffer 5 minutes à feu moyen.

2 Prélevez les haricots blancs à l'écumoire et mixez-les avec la purée d'amandes. Délayez si besoin avec le bouillon pour obtenir une sauce crémeuse. Assaisonnez avec quelques gouttes de tamari, saupoudrez de coriandre et gardez au chaud.

3 Rincez, essuyez et ôtez la côte centrale du kale pour l'émincer finement. Plongez-le dans une casserole d'eau bouillante salée et faites-le cuire 10 minutes. Égouttez-le et braisez-le 10 minutes à la poêle avec 1 cuillerée à soupe d'huile d'olive. Salez, poivrez et réservez au chaud.

4 Toastez à sec les pignons de pin dans une poêle. Épluchez et hachez l'oignon rouge. Essuyez les pleurotes, coupez leur pied et faites-les dorer dans une poêle graissée avec 1 cuillerée à café d'huile d'olive pendant 5 minutes. Réservez au chaud. Coupez le tofu fumé en lamelles et poêlez-les dans l'huile de sésame pendant 5 à 7 minutes.

5 Ramolissez les feuilles de riz une minute dans de l'eau tempérée, égouttez-les puis étalez-les. Répartissez-y le kale, les lamelles de tofu, les pleurotes, les pignons de pin et l'oignon rouge. Ajoutez des pluches de cerfeuil et les autres herbes ciselées avec 1 cuillerée à café de sauce aux haricots. Mouillez d'un trait de jus de citron vert. Fermez les rouleaux de printemps et dégustez sans attendre.

QU'EN PENSE LE NUTRITIONNISTE ?

Cette recette vous permettra de faire le plein de protéines végétales grâce à la complémentarité entre le soja et les feuilles de riz.

FALAFELS D'EDAMAMES

SANS gluten

POUR 4 PERSONNES • PRÉPARATION : 20 MIN • CUISSON : 25 MIN

250 g d'edamames surgelés et épluchés
200 g de pois chiches en boîte
2 gouttes de Tabasco® vert
5 branches de coriandre
1 oignon nouveau
1/2 gousse d'ail
1 cuil. à café de cumin
1 cuil. à café de coriandre moulue
50 g de farine de pois chiches
4 cuil. à soupe d'huile de sésame
sel - poivre

1 Ébouillantez 2 minutes les edamames dans une casserole d'eau légèrement salée. Égouttez-les et rafraîchissez-les sous un filet d'eau froide.

2 Versez-les dans le bol du mixeur avec les pois chiches égouttés, le Tabasco®, les branches de coriandre, l'oignon épluché et émincé, la demi-gousse d'ail épluchée et les épices. Salez, poivrez et mixez pour réduire en purée fine.

3 Ajoutez la farine et mixez à nouveau. Formez des boulettes de la taille de noix en les aplatissant légèrement.

4 Faites chauffer l'huile de sésame dans une poêle et faites cuire les falafels quatre par quatre pendant 3 à 4 minutes de chaque côté sur feu moyen. Égouttez sur du papier absorbant.

Notre suggestion : servez sur une salade composée d'oxalis, feuille-de-chêne, pousses de betterave et pluches de cerfeuil.

QU'EN PENSE LE NUTRITIONNISTE ?

Les fèves edamames ressemblent à des petits pois frais et contiennent plus de protéines que les autres légumineuses. Il s'agit de fèves de soja fraîches connues en Asie. Elles sont un concentré de photo-œstrogènes, dont l'effet est recherché pour la prévention cardio-vasculaire et cancéreuse. L'index glycémique des pois chiches est faible grâce à leur richesse en fibres qui amplifie la sensation de satiété. Cette recette est riche en magnésium, fer, calcium.

TEMPEH AU CHOU CHINOIS

POUR 4 PERSONNES • PRÉPARATION : 20 MIN • CUISSON : 20 MIN

- 1 gros chou chinois
- 400 g de tempeh
- 4 oignons nouveaux
- 1 cuil. à soupe de bouillon de légumes
- 1 bouquet de cerfeuil
- 1 cuil. à café de sésame blanc
- 1 cuil. à soupe d'huile de pépins de raisin
- 1 cuil. à soupe d'huile de sésame
- sel - poivre vert

1 Rincez le chou à l'eau claire et émincez-le en lanières. Épluchez et émincez les oignons blancs en mettant les tiges vertes de côté. Plongez les légumes 7 à 10 minutes dans de l'eau bouillante avec le bouillon de légumes. Égouttez-les soigneusement.

2 Versez l'huile de pépins de raisin dans la casserole et faites-y revenir le chou et les oignons sans les colorer pendant 2 à 3 minutes. Réservez au chaud.

3 Coupez le tempeh en triangles et faites-les dorer 5 à 7 minutes à la poêle avec l'huile de sésame.

4 Déposez le chou dans un plat et disposez le tempeh dessus. Décorez avec des pluches de cerfeuil et les tiges d'oignons ciselées, saupoudrez de poivre vert écrasé entre les doigts et de sésame blanc.

QU'EN PENSE LE NUTRITIONNISTE ?

Le tempeh est une fève de soja complète fermentée, ce qui facilite sa digestion. C'est une spécialité indonésienne qui a rapidement séduit les Occidentaux. On y trouve des protéines végétales presque aussi complètes (légère déficience en méthionine) que celles de la viande, ainsi que des fibres. Le soja renferme des isoflavones, aidant à soulager les troubles liés à la ménopause de type bouffées de chaleur. On ne doit pas abuser du soja en cas d'antécédents de cancer du sein dans le cercle familial. Associé au tempeh, le chou donne une délicieuse touche exotique à ce plat qui sent bon l'Asie.

CHOU-FLEUR GRILLÉ AUX ÉPICES

SANS gluten

POUR 4 PERSONNES • PRÉPARATION : 15 MIN • CUISSON : 25 MIN

1 gros chou-fleur
2 cuil. à soupe d'huile d'olive
1 cuil. à café de massalé
1/2 cuil. à café de cardamome en poudre
1 bouquet de persil
2 cuil. à soupe de graines de tournesol
sel - poivre

1 Préchauffez le four à 210 °C (th. 7). Débarrassez le chou-fleur de ses feuilles et rincez-le sous un filet d'eau froide. Essuyez-le soigneusement avec du papier absorbant. Tranchez-le en le posant à plat sur une planche et disposez les tranches sur la plaque de cuisson recouverte d'une feuille de papier sulfurisé.

2 Mélangez l'huile d'olive et les épices dans un bol et versez cette huile parfumée sur le chou-fleur. Mélangez délicatement, salez légèrement et enfournez en position haute pour 15 minutes. Pendant ce temps, prélevez les pluches de persil.

3 Ouvrez la porte du four pour ajouter le persil et les graines de tournesol sur le chou-fleur et laissez cuire encore 5 à 10 minutes.

Notre suggestion : en hiver, créez la surprise en jouant avec les choux-fleurs orange et violets !

QU'EN PENSE LE NUTRITIONNISTE ?

Le chou-fleur est riche en bêta-carotène et en vitamine C, donc présente un pouvoir antioxydant. Pensez à bien mâcher ce plat afin de broyer au mieux les fibres. On rappelle la richesse en potassium, en fer, en calcium. Pour les personnes à risque de déminéralisation osseuse, consommer ce type de plat améliorera le capital calcique.

COCOTTE DE POMMES DE TERRE CONFITES

SANS gluten

POUR 4 PERSONNES • PRÉPARATION : 10 MIN • CUISSON : 30 À 40 MIN

700 g de pommes de terre grenailles ou rattes
6 gousses d'ail
8 échalotes
10 branches de persil
1 cuil. à café de graines de fenouil
2 cuil. à soupe d'huile d'olive
sel - poivre

1 Lavez, essuyez les pommes de terre. Grattez légèrement la peau au couteau. Gardez les gousses d'ail entières dans leur peau, mais épluchez les échalotes.

2 Versez l'huile dans la poêle et jetez-y les pommes de terre, l'ail et les échalotes. Faites cuire à feu doux pendant 30 à 40 minutes selon la taille des pommes de terre. Couvrez à moitié à mi-cuisson.

3 10 minutes avant la fin, découvrez et parsemez de pluches de persil et de graines de fenouil. Salez et poivrez au moment de servir.

Notre suggestion : utilisez des pommes de terre nouvelles bio pour manger la peau.

QU'EN PENSE LE NUTRITIONNISTE ?

La pomme de terre grenaille est très goûteuse et doit être consommée entière (avec la peau), ce qui améliore son profil nutritionnel. Son index glycémique est ainsi plus bas que si on l'écrase. Elle figure parmi les légumes les plus riches en potassium : 380 mg pour 100 g, ce qui couvre pratiquement les besoins minimaux quotidiens. L'effet préventif sur l'hypertension artérielle est réel. L'échalote contribue à l'apport en potassium, calcium, fer, magnésium, sélénium et a donc un intérêt préventif sur la cardio-vascularité et sur certains cancers, notamment de la prostate.

TIAN PROVENÇAL

SANS gluten

POUR 4 PERSONNES • PRÉPARATION : 20 MIN • CUISSON : 45 À 55 MIN

6 tomates
3 courgettes
2 aubergines
2 oignons rouges
1 gousse d'ail
3 branches de thym frais
1 branche de romarin
huile d'olive
sel

1 Préchauffez le four à 210 °C (th. 7). Épluchez et émincez les oignons. Tapissez-en un plat à gratin badigeonné d'huile d'olive et frotté avec la gousse d'ail épluchée.

2 Lavez les tomates, les courgettes et les aubergines, puis coupez-les en rondelles. Disposez les légumes en les couchant légèrement et en les serrant bien. Alternez une rangée de courgettes, une rangée de tomates et une autre d'aubergines.

3 Salez et parsemez de thym frais et de romarin haché. Arrosez d'huile d'olive. Enfournez pour 45 à 55 minutes.

Notre suggestion : pour en faire un plat complet, tapissez le fond du plat de riz : il va boire l'eau des tomates à la cuisson.

QU'EN PENSE LE NUTRITIONNISTE ?

Cette recette est un concentré de minéraux, de vitamines, de fibres. Elle permet de répondre au fameux conseil « 5 fruits et légumes par jour » ! La richesse avérée en potassium fait de cette recette un allié anti-hypertenseur, mais également un protecteur cellulaire par le pouvoir antioxydant élevé et préventif des cancers du tube digestif. Pensez à complémenter le tian, pauvre en protéines, par des céréales et/ou des légumineuses.

GALETTES DE LENTILLES

SANS gluten

POUR 4 PERSONNES • PRÉPARATION : 30 MIN • CUISSON : 1 H 10

- 100 g de lentilles corail
- 2 grosses pommes de terre à chair farineuse type bintje
- 1 carotte
- 125 g de pousses d'épinards
- 1 cuil. à café de gingembre frais râpé
- 2 cuil. à café de massalé
- 1/2 cuil. à café de cumin
- 1 gousse d'ail
- 1 échalote
- 1 branche de menthe
- 3 branches de coriandre
- 1 cuil. à soupe de farine de pois chiches
- 1 cuil. à soupe de fécule de maïs
- 3 à 4 cuil. à soupe de crème de coco
- 1 cuil. à soupe d'huile de coco
- 3 cuil. à soupe d'huile d'arachide
- sel - poivre

1 Faites cuire les lentilles dans le double de leur volume d'eau pendant 20 minutes. Égouttez-les et réservez dans un saladier.

2 Épluchez et coupez les pommes de terre en gros dés avant de les cuire 15 à 20 minutes dans une casserole d'eau bouillante salée. Égouttez-les et ajoutez-les aux lentilles pour les réduire en purée dans un saladier. Salez et poivrez.

3 Épluchez la carotte et râpez-la. Faites-la revenir à la poêle dans l'huile de coco avec les pousses d'épinards, le gingembre, les épices, l'ail et l'échalote épluchés et hachés. Incorporez cette poêlée et les herbes ciselées à la purée de pommes de terre.

4 Ajoutez la farine de pois chiches et la fécule de maïs. Mélangez en versant la crème de coco. Formez des boules de la taille de clémentines et aplatissez-les en galettes. Faites-les frire dans la poêle avec l'huile d'arachide 5 à 7 minutes par face.

Notre suggestion : vous pouvez remplacer les pommes de terre par de la patate douce.

QU'EN PENSE LE NUTRITIONNISTE ?

Les lentilles fournissent des fibres en quantité importante et offrent un bon apport de protéines et de glucides complexes à index glycémique faible. Leur digestion se trouve nettement améliorée dans cette recette par la présence de pommes de terre et de coriandre. Les épinards sont des légumes particulièrement riches en antioxydants protecteurs (vitamines C, E, lutéine, provitamine A). Ils contiennent une grande quantité d'acide folique comme tous les légumes à branche, ainsi que de la vitamine K qui contribue à fluidifier le sang.

CURRY DE SEITAN AUX LÉGUMES D'HIVER

POUR 4 PERSONNES • PRÉPARATION : 40 MIN • CUISSON : 1 H

125 g de lentilles blondes
500 g de courge butternut
4 carottes
1 panais
2 oignons rouges
1 chou romanesco
1/2 chou frisé
375 g de seitan
1 bouquet garni
1 cuil. à café de bouillon de légumes
1 cuil. à café de concentré de tomate
10 branches de persil
10 branches de coriandre
1 cuil. à soupe d'huile de coco
sel - poivre du moulin

Pour la sauce :
25 cl de crème de coco
1/2 cuil. à café de curcuma
1/2 cuil. à café de curry
1 cuil. à café de concentré de tomate
1 cuil. à café d'huile de coco
sel - poivre

1 Préparez la sauce en faisant chauffer à feu moyen les épices dans l'huile de coco. Ajoutez la crème de coco et le concentré de tomate. Salez et laissez chauffer 5 minutes avant de poivrer.

2 Jetez les lentilles et le bouquet garni dans une casserole et couvrez d'eau chaude avec le bouillon de légumes. Laissez cuire environ 30 minutes. Égouttez les lentilles et réservez-les au chaud dans un saladier.

3 Épluchez la courge butternut, les carottes et le panais et taillez-les en cubes. Épluchez et émincez les oignons. Rincez le chou romanesco et prélevez de petits bouquets. Rincez le chou frisé et émincez-le. Plongez tous les légumes dans une casserole d'eau bouillante salée et faites-les cuire 10 minutes à feu moyen. Égouttez-les.

4 Versez l'huile de coco dans une poêle et faites-y suer les oignons pendant 3 minutes avant d'ajouter la courge butternut, les carottes et le panais. Laissez cuire jusqu'à ce que la lame d'un couteau entre sans résistance dans les légumes. Débarrassez tous les légumes dans un saladier et remplacez-les par le seitan coupé en cubes pour le faire cuire 10 minutes à feu doux.

5 Ajoutez le seitan aux légumes avec les herbes ciselées. Donnez un tour de moulin à poivre et servez avec la sauce.

QU'EN PENSE LE NUTRITIONNISTE ?

Cette recette colorée, par la diversité des composants ainsi que les épices et les herbes aromatiques qui en amplifient la qualité nutritionnelle, est d'une très grande richesse en fibres, antioxydants et minéraux. Le seitan, c'est la protéine de blé : le gluten. Il est mieux toléré (assimilé) que les protéines animales. Sa pauvreté calorique en fait un allié minceur. Il ne contient pas de cholestérol.

FONDUE DE BUTTERNUT AU KALE

SANS gluten

POUR 4 PERSONNES • PRÉPARATION : 20 MIN • CUISSON : 1 H

1 courge butternut
6 tiges de chou kale
2 cuil. à soupe d'huile d'olive
12 marrons en conserve
1 cuil. à café de fenugrec
sel - poivre

1 Préchauffez le four à 210 °C (th. 7). Épluchez et épépinez la courge butternut et détaillez-la en cubes. Répartissez-les sur une plaque de cuisson couverte d'une feuille de papier sulfurisé et badigeonnez-la d'huile d'olive. Salez et enfournez pour 30 minutes.

2 Pendant ce temps, rincez le chou kale et séchez-le. Ôtez la côte et émincez grossièrement les feuilles. Faites-les cuire 15 minutes à l'eau bouillante salée, puis égouttez-les soigneusement pour les ajouter à la courge en même temps que les marrons émiettés.

3 Mélangez pour imprégner le chou et les marrons du jus de cuisson de la courge. Saupoudrez de graines de fenugrec et poursuivez la cuisson pendant 15 minutes. Poivrez au moment de servir.

QU'EN PENSE LE NUTRITIONNISTE ?

Le chou kale appartient aux crucifères comme le chou de Bruxelles ou le brocoli. Il est bourré de minéraux et a l'avantage d'être peu calorique, ce qui en fait le chouchou des végétariens californiens ! Le marron est en fait la châtaigne (on parle de marron quand il s'agit de châtaigne cultivée). On assimile le marron à un féculent en raison de sa richesse en amidon. Il est plus calorique que la pomme de terre ou les pâtes, mais apporte du potassium, du phosphore, du magnésium, du fer, des vitamines C et E, de l'acide folique.

PIZZA BICOLORE

POUR 4 PERSONNES • PRÉPARATION : 35 MIN • REPOS : 1 H 30 • CUISSON : 35 MIN

Pour la pâte :

250 g de farine de blé
100 g de farine d'épeautre
1 pincée de sucre blond
1/2 cuil. à café de sel
1 sachet de levure sèche de boulanger (5 g)
1 cuil. à soupe d'huile d'olive

Pour la garniture :

800 g de tomates vertes
4 oignons nouveaux
1 gousse d'ail
1 feuille de laurier
12 tomates cerise
12 olives noires dénoyautées
1 brin de romarin
1 poignée de roquette
2 cuil. à soupe + 1 cuil. à café d'huile d'olive
sel - poivre du moulin

1 Versez les farines, le sucre et le sel fin dans un saladier. Mélangez et faites un puits. Délayez la levure dans 2 cuillerées à soupe d'eau tiède et versez le liquide dans le puits avec l'huile d'olive. Pétrissez jusqu'à ce que la pâte devienne élastique et se détache des parois du saladier. Formez une boule et couvrez avec un torchon pour laisser lever 1 heure 30.

2 Étalez la pâte au rouleau en la farinant légèrement. Déposez-la sur une plaque recouverte de papier sulfurisé légèrement graissé et réservez. Préchauffez le four à 210 °C (th. 7).

3 Rincez et essuyez les tomates vertes. Coupez-les en deux pour les épépiner et taillez-les dés. Versez-les dans une casserole avec 2 cuillerées à soupe d'huile d'olive, les oignons épluchés et émincés, la gousse d'ail épluchée et écrasée et la feuille de laurier. Salez, poivrez et laissez compoter 10 minutes.

4 Lavez et essuyez les tomates cerise et faites-les confire 5 à 8 minutes dans une poêle avec 1 cuillerée à café d'huile d'olive. Étalez la compotée de tomates vertes sur la pâte, disposez les tomates cerise, les olives fendues en deux et le romarin haché, puis enfournez pour 15 minutes. À la sortie du four, décorez avec les feuilles de roquette, donnez un tour de moulin à poivre et dégustez.

QU'EN PENSE LE NUTRITIONNISTE ?

L'épeautre ne contient pas de gluten contrairement au blé et n'est pas hybridable, donc non génétiquement modifié. Il contient les huit acides aminés essentiels (non fabriqués par le corps humain). On trouve dans l'épeautre du calcium, du magnésium et du phosphore. L'olive est un fruit oléagineux mais moins calorique que les autres fruits de sa classe. Les graisses qui la composent appartiennent aux acides gras monoinsaturés, avec une action bénéfique sur le mauvais cholestérol, et donc sur la protection cardio-vasculaire. Les 12 olives de cette recette vous fourniront 1,2 g de sel, ce qui est important. Ne salez donc pas trop. La roquette et la tomate, riches en potassium, viennent contrebalancer cet apport en sel.

DESSERTS & PETITS DÉJEUNERS

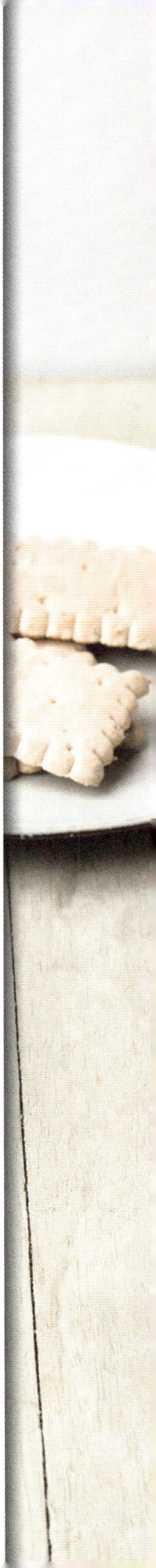

LES CONSEILS DU NUTRITIONNISTE

LES PROTÉINES VÉGÉTALES

Les acides aminés essentiels

On part du constat que l'on ne peut plus manger comme nous le faisons actuellement, avec un modèle alimentaire basé exclusivement sur les protéines animales, lequel est accompagné de conditions d'exploitation désastreuses justement dénoncées.

Le problème majeur de toute alimentation végétalienne est ainsi de couvrir correctement les besoins protéiques, sachant que l'on considère comme normal un apport quotidien de protéines de l'ordre de 8 à 12 % de l'énergie totale.

Les protéines alimentaires sont composées d'acides aminés et doivent apporter tous les acides aminés indispensables, c'est-à-dire non synthétisés par l'organisme : la leucine et l'isoleucine, le tryptophane, la phénylalanine, la méthionine, la valine, la lysine, l'histidine, la thréonine.

Les protéines animales sont plus riches en acides aminés indispensables et présentent une meilleure assimilation digestive que les protéines végétales. Cela dit, la prépondérance des protéines animales ne se justifie pas ! Il est possible d'équilibrer ses apports en acides aminés essentiels tout en restant vegan...

Protéines végétales : où les trouver ?

Il existe plusieurs sources de protéines végétales :

- Les céréales, comme le blé, qui est la céréale majoritairement consommée en France avec un apport calorique de 340 calories pour 100 g de farine, et qui se décline sous la forme de pain, semoule, pâtes alimentaires... ou encore de seitan (fabriqué à partir du gluten, une protéine de blé). Mais pensez également au riz, au quinoa, à l'orge, au mil ou au maïs.
- Les légumineuses, qui comprennent les légumes secs comme les haricots secs blancs ou rouges, les lentilles, les fèves, les pois, mais aussi l'arachide, le soja et ses dérivés (tofu). La richesse en protéines des légumes secs est avérée et les rapproche de la viande avec 15 à 35 % de protéines, sans compter de nombreux minéraux, dont le fer, le phosphore et les vitamines du groupe B.
- Les oléagineux comme les amandes, les noix ou les cacahuètes contiennent aussi des protéines (10 % de leur composition).

Pensez à associer céréales et légumineuses !

La diète méditerranéenne semble avantageuse pour la longévité des populations et la prévention de bon nombre de maladies (certains cancers, maladies cardio-vasculaires, obésité, diabète de type 2, etc.).

Or, parmi les aliments de la diète méditerranéenne, les légumineuses et le blé sont fortement représentés. Ce n'est pas un hasard : les protéines des céréales comme le blé sont en effet pauvres en lysine, tandis que les légumineuses comme les lentilles sont moins bien pourvues en acides aminés soufrés comme la méthionine. Leur complémentarité est donc bénéfique à l'organisme qui couvre ainsi ses besoins en acides aminés essentiels !

Cette association céréales-légumineuses se retrouve dans les traditions culinaires de nombreux pays, en Asie avec le riz et le soja, en Afrique du Nord avec le couscous et les pois chiches, en Amérique avec l'association maïs et haricots secs, en Afrique centrale avec le mil et le niébé (sorte de haricot), et en Europe avec les mélanges quinoa ou blé et légumes secs.

Des chercheurs ont même évoqué l'utilité d'une pâte alimentaire combinant blé dur et légumineuse, mais ce produit, estimé peu rentable par les industriels, reste à l'état d'ébauche, et c'est bien dommage ! Le fossé entre l'économie et le bénéfice médical semble infranchissable. Il y aurait pourtant des bénéfices nets pour la planète et la santé des consommateurs à proposer de tels produits.

GRANOLA

SUCRES naturels

POUR 4 PERSONNES • PRÉPARATION : 15 MIN • CUISSON : 25 MIN • REPOS : 2 H

270 g de flocons d'avoine
150 g de noisettes, pistaches et amandes
1 cuil. à café d'épices pour pain d'épices
1 cuil. à café de fleur de sel
2 cuil. à soupe d'huile de noisette
1 cuil. à café d'extrait de vanille
4 cuil. à soupe de sirop d'agave
6 rondelles d'ananas séchées
1 cuil. à café de graines de lin
2 cuil. à soupe de graines de grenade séchées
8 figues séchées

1 Préchauffez le four à 150 °C (th. 5). Concassez grossièrement au couteau les noisettes, pistaches et amandes. Réservez.

2 Versez les flocons d'avoine dans un saladier, saupoudrez d'épices, de fleur de sel et mélangez. Puis ajoutez l'huile de noisette, l'extrait de vanille et le sirop d'agave et mélangez soigneusement avant d'y intégrer les fruits secs hachés.

3 Étalez l'ensemble sur une plaque de cuisson couverte d'un papier sulfurisé et enfournez pour 10 minutes.

4 Sortez du four, mélangez à nouveau afin que les céréales et les graines rôtissent pareillement. Poursuivez la cuisson 10 à 15 minutes.

5 Laissez refroidir sur la plaque et ajoutez enfin les graines de lin et de grenade ainsi que les figues et l'ananas préalablement hachés. Transvasez le granola dans un récipient hermétique. Saupoudrez-en un yaourt au soja à la vanille ou à la cerise.

Notre suggestion : conservé à température ambiante dans un bocal de verre, le granola tient 3 semaines.

QU'EN PENSE LE NUTRITIONNISTE ?

Riche en fibres solubles, l'avoine dispose d'un fort pouvoir rassasiant. Ses protéines végétales sont nombreuses, tout comme les minéraux, fer, calcium, magnésium, que l'on retrouve en quantité abondante dans les fruits secs de cette recette. L'ananas libère de l'histamine, ce qui provoquera des réactions pseudo-allergiques bénignes mais gênantes chez certains d'entre nous. Il referme cependant de la broméline, enzyme à même de scinder les protéines en molécules plus simples, donc capable de faciliter le travail intestinal.

PORRIDGE

SUCRES naturels

POUR 2 BOLS • PRÉPARATION : 5 MIN • CUISSON : 15 MIN

50 cl de lait végétal de noisettes
120 g de flocons d'avoine
1/2 cuil. à café de cannelle en poudre
2 cuil. à soupe d'amandes mondées
2 figues séchées
1 cuil. à soupe de sirop d'érable
1 cuil. à soupe de graines de grenade

1 Faites chauffer doucement le lait dans une casserole, puis versez les flocons d'avoine et la cannelle.

2 Laissez cuire à feu doux jusqu'à obtention d'une consistance crémeuse, en remuant de temps en temps, pendant une dizaine de minutes.

3 Pendant ce temps, toastez rapidement les amandes dans une poêle sèche. Concassez-les et hachez les figues.

4 Retirez le porridge du feu et incorporez le sirop d'érable. Remuez avant de verser dans un bol. Ajoutez les fruits secs et les graines de grenade et dégustez sans attendre.

Notre suggestion : à la belle saison, profitez des fruits frais, comme les myrtilles, fraises, framboises, pêches… en remplacement des oléagineux et des fruits secs.

QU'EN PENSE LE NUTRITIONNISTE ?

Le porridge est un plat complet qui a un intérêt nutritionnel avéré. L'avoine est riche en protéines qui contiennent, entre autres, du tryptophane, participant à la production de sérotonine et de mélatonine au niveau du système nerveux central. On note des lipides, notamment des galactolipides, qui amélioreraient les performances cognitives. L'avoine est riche en fibres alimentaires dont un composant est le bêta-glucane qui permet de baisser le taux de cholestérol sanguin. Elle est également source de vitamine E, antioxydante. La grenade est un concentré (comme tous les fruits colorés) d'antioxydants. Les amandes améliorent la satiété par leur richesse en fibres, tout comme les figues qui sont un peu plus sucrées que les autres fruits.
Cette recette permet de faire le plein de minéraux, de vitamines et d'oligoéléments : que demander de plus ?

PÂTE À TARTINER CHOCO-NOISETTES

SANS gluten

POUR 2 POTS • PRÉPARATION : 15 MIN • CUISSON : 5 MIN

- 100 g de chocolat noir à 70 % de cacao
- 130 g de purée de noisettes
- 50 g de purée de noix de cajou
- 2 cuil. à soupe rases de noisettes toastées et hachées
- 10 cl de lait de noisettes
- 40 g de sucre roux
- 3 cuil. à soupe de sirop d'agave

1 Cassez le chocolat noir en morceaux et déposez-le dans une casserole pour le faire fondre à feu doux, au bain-marie.

2 Hors du feu, ajoutez les purées de noisettes et de noix de cajou et mélangez avec un mixeur plongeant afin d'obtenir une consistance lisse et homogène. Versez-y les noisettes hachées.

3 Faites chauffer légèrement le lait pour y faire fondre le sucre. Incorporez le sirop d'agave et intégrez le tout à la pâte au chocolat.

4 Mélangez soigneusement et transférez dans des pots à confiture. Conservez une semaine au réfrigérateur.

Notre suggestion : avec quelques gouttes d'extrait de café ou du gingembre moulu, cette pâte à tartiner gagne en caractère.

QU'EN PENSE LE NUTRITIONNISTE ?

L'apport en lipides combine des acides gras saturés – comme dans une célèbre pâte à tartiner – avec des acides gras poly et monoinsaturés. Cette recette n'est pas légère mais est un régal de texture, avec l'onctueux du chocolat et le croquant des noisettes. Elle permet de faire le plein d'antioxydants grâce au chocolat et aux fruits secs.

PANNA COTTA TOUT COCO

SANS gluten

POUR 4 PERSONNES • PRÉPARATION : 15 MIN • CUISSON : 10 MIN • RÉFRIGÉRATION : 2 H

Pour la crème :

50 cl de lait de coco
100 g de sucre blond
1 sachet d'agar-agar
2 cuil. à café de noix de coco râpée

Pour le coulis :

250 g de framboises
1 cuil. à soupe de jus de citron vert
1 cuil. à soupe de sucre de bouleau

1 Versez le lait de coco dans une casserole et ajoutez le sucre et l'agar-agar. Faites chauffer jusqu'aux premiers petits bouillons. Retirez du feu et intégrez la noix de coco râpée en mélangeant.

2 Répartissez la panna cotta dans quatre coupelles et laissez prendre 2 heures au réfrigérateur.

3 Pendant ce temps, placez les framboises dans le bol du mixeur avec le jus de citron et le sucre de bouleau. Mixez jusqu'à l'obtention d'une purée fine à verser sur le dessus des panna cotta au moment de servir.

QU'EN PENSE LE NUTRITIONNISTE ?

Le lait de coco n'est pas l'eau de noix de coco mais un extrait de noix de coco râpée. Il contient du fer, du magnésium, du sélénium, du cuivre, du manganèse, des vitamines B9 (acide folique) et B3 (niacine). Il représente une alternative intéressante pour les personnes allergiques au lait. Les framboises offrent un apport en fibres élevé grâce à leur richesse en pectine et en cellulose, de la vitamine C et des carotènes ainsi que des anthocyanes : un cocktail antioxydant bien plus alléchant que les compléments alimentaires vendus en pharmacie !

MILK-SHAKE À LA MYRTILLE

SUCRES naturels

POUR 2 PERSONNES • PRÉPARATION : 10 MIN

250 g de myrtilles
1 yaourt de soja à la vanille
1 yaourt de soja nature
lait de soja
1 cuil. à soupe de sirop d'agave

1 Versez les myrtilles dans le bol du mixeur pour les réduire en purée. Ajoutez les 2 yaourts et mixez encore pendant 2 minutes.

2 Assouplissez le milk-shake en lui ajoutant du lait de soja jusqu'à obtention d'une consistance onctueuse et légèrement mousseuse. Sucrez avec le sirop d'agave. Versez le milk-shake dans les verres et dégustez sans attendre.

Notre suggestion : framboises, fraises, mûres… cette recette reste gourmande avec tous les fruits rouges de l'été !

QU'EN PENSE LE NUTRITIONNISTE ?

La myrtille, grâce à sa couleur foncée (due aux anthocyanes, pigments violets), apporte bon nombre d'antioxydants. On rappelle les multiples avantages santé à consommer des fruits aussi peu caloriques : prévention des cancers digestifs, des maladies dégénératives neurologiques, des maladies cardio-vasculaires. Les myrtilles sont aussi riches en fibres.
Le soja fournit des protéines végétales. Il s'agit, dans sa forme « lait », d'un mélange d'eau et de céréales (on rappelle que l'appellation « lait » pour le soja est fautive). Le soja est exempt de lactose, de caséine et de cholestérol mais riche en calcium.

CRÈME AU CHOCOLAT ET AU TOFU SOYEUX

SANS gluten · SUCRES naturels

POUR 4 PERSONNES • PRÉPARATION : 15 MIN • RÉFRIGÉRATION : 30 MIN

- 70 g de chocolat noir à 70 % de cacao
- 200 g de tofu soyeux
- 1 cuil. à soupe de purée de noisettes
- 2 cuil. à soupe de sirop d'érable

1 Coupez le chocolat en morceaux et faites-le fondre dans une casserole posée sur feu doux.

2 Pendant ce temps, versez dans le bol du mixeur le soja soyeux, la purée de noisettes et le sirop d'érable. Mixez soigneusement, puis ajoutez le chocolat fondu et laissez l'appareil tourner jusqu'à ce que le mélange soit homogène, lisse et satiné.

3 Une fois cette crème épaissie, versez-la dans des ramequins ou des bols. Placez au réfrigérateur pour 30 minutes.

QU'EN PENSE LE NUTRITIONNISTE ?

Le tofu soyeux est également connu sous le terme « tofu mou » ; il supporte la cuisson et permet de cuisiner sans beurre ni œuf. Il est pratiquement dépourvu de lipides et de glucides et apporte un peu de protéines. Le chocolat noir apporte des matières grasses végétales saturées – qui lui confèrent son onctuosité –, mais aussi des antioxydants, du magnésium et de la théobromine qui stimule les neurones !

POMMES RÔTIES AUX FRUITS SECS

SANS gluten · SUCRES naturels

POUR 4 PERSONNES • PRÉPARATION : 20 MIN • CUISSON : 30 MIN

- 4 pommes type reinette grise ou belle de Boskoop
- 2 cuil. à soupe de crème d'amandes
- 1 cuil. à soupe de sirop d'érable
- 1 cuil. à café de pistaches
- 1 cuil. à soupe de noisettes
- 1 cuil. à soupe de noix
- 1 cuil. à soupe d'amandes mondées
- 1 cuil. à soupe de raisins blonds

1 Préchauffez le four à 210 °C (th. 7). Lavez les pommes et séchez-les. Ôtez le trognon à l'aide d'un vide-pomme et disposez-les dans un plat à gratin.

2 Versez la crème d'amande dans un bol, ajoutez le sirop d'érable et la moitié des fruits secs après avoir grossièrement concassé noix, noisettes et amandes.

3 Remplissez les pommes de ce mélange et enfournez pour 15 minutes à mi-hauteur du four.

4 Sortez le plat et parsemez les pommes du reste des fruits également concassés. Enfournez pour 15 minutes supplémentaires en baissant la température à 180 °C (th. 6). Servez tiède.

Notre suggestion : savourez ces pommes avec un yaourt au soja à la vanille, pour un petit déjeuner complet et gourmand.

QU'EN PENSE LE NUTRITIONNISTE ?

La pomme contient des fibres rassasiantes grâce à la pectine et à la lignine qui n'agressent pas la muqueuse digestive. La peau des pommes est riche en antioxydants comme la quercétine et la vitamine C. Les fruits secs ajoutés permettent de faire le plein en minéraux, notamment en calcium, et d'optimiser l'apport en potassium, utile au maintien d'un pH alcalin.

CAKE AU PAMPLEMOUSSE ET AU PAVOT

POUR 4 PERSONNES • PRÉPARATION : 20 MIN • CUISSON : 30 MIN

1 pamplemousse bio
4 cuil. à soupe de yaourt de soja nature
100 g de margarine végétale + pour le moule
200 g de sucre de canne
4 cuil. à soupe de fécule de maïs
1/2 sachet de levure
1 pincée de sel
1 cuil. à soupe de graines de pavot
180 g de farine

1 Préchauffez le four à 180 °C (th. 6). Prélevez le zeste du pamplemousse après l'avoir bien rincé à l'eau claire. Pressez le jus du pamplemousse.

2 Dans un saladier, mélangez le yaourt avec l'équivalent de 4 cuillerées à soupe de jus du pamplemousse et la margarine préalablement fondue. Incorporez le sucre et fouettez vigoureusement jusqu'à obtention d'un mélange légèrement mousseux. Ajoutez la fécule de maïs petit à petit, puis la levure, la pincée de sel et fouettez à nouveau.

3 Laissez reposer quelques minutes avant d'incorporer les graines de pavot et la farine. Mélangez jusqu'à ce que la pâte soit bien homogène.

4 Beurrez un moule à cake avec de la margarine et versez-y la pâte. Enfournez à mi-hauteur du four pour 30 minutes et laissez tiédir avant de trancher.

QU'EN PENSE LE NUTRITIONNISTE ?

Le pamplemousse est un fruit peu calorique. On y trouve des flavonoïdes, des caroténoïdes, des limonoïdes, qui lui procurent un pouvoir antioxydant élevé permettant de s'opposer plus efficacement au vieillissement cellulaire. Ce fruit est peu sucré et source de potassium et de calcium qui permettent de lutter contre l'excès d'acidité de notre alimentation moderne. Le soja renferme des isoflavones utiles pour les femmes ménopausées souffrant de bouffées de chaleur.

RIZ AU LAIT D'AMANDE

SANS gluten

POUR 4 PERSONNES • PRÉPARATION : 15 MIN • CUISSON : 35 MIN

50 g de riz rond
50 cl de lait d'amande
30 g de sucre roux
1 cuil. à soupe de sirop d'orgeat
25 cl de crème d'amandes
4 cuil. à soupe de pistaches

1 Faites bouillir une casserole d'eau et versez-y le riz pour 5 minutes de cuisson. Égouttez-le, puis passez-le sous un filet d'eau froide pour le débarrasser de son amidon.

2 Versez le lait dans la casserole et ajoutez le riz précuit. Faites-le cuire pendant 20 minutes à feu doux en remuant régulièrement pour éviter qu'il n'accroche aux parois.

3 Versez le sucre et le sirop d'orgeat, mélangez à nouveau en poursuivant la cuisson de 10 minutes.

4 Retirez du feu et transférez dans un saladier en remuant vivement pour incorporer de l'air et refroidir le riz au lait. Ajoutez la crème d'amandes, remuez à nouveau avant de verser dans des coupelles et de parsemer de pistaches concassées.

QU'EN PENSE LE NUTRITIONNISTE ?

Le riz rond présente des petits grains très tendres devenant légèrement collants en fin de cuisson. 50 g de riz fournissent presque 15 g de glucides complexes. Débarrassé de l'amidon, ce riz devient un sucre rapide très digeste. L'apport en acides aminés n'étant pas optimal, il conviendra de manger une légumineuse au cours du repas.

BANANA BREAD

POUR 4 PERSONNES • PRÉPARATION : 20 MIN • CUISSON : 45 MIN

- 1 banane mûre
- 250 g de farine de blé
- 1 sachet de levure
- 1 pincée de sel
- 140 g + 1 cuil. à soupe de sucre roux
- 1/2 cuil. à café de cannelle
- 1/2 cuil. à café de noix muscade
- 250 g de noix de pécan
- 140 g de margarine végétale + pour le moule

1 Préchauffez le four à 210 °C (th. 7). Écrasez la banane à la fourchette pour la réduire en purée. Réservez.

2 Mélangez la farine avec la levure, le sel, le sucre, les épices et les trois quarts des noix de pécan brisées. Ajoutez la margarine fondue et tiédie. Mélangez soigneusement. Incorporez la banane et mélangez une dernière fois.

3 Graissez le moule avec un peu de margarine. Saupoudrez le fond d'1 cuillerée de sucre roux et du reste des noix de pécan concassées.

4 Versez la pâte et enfournez pour 40 minutes. Démoulez et laissez tiédir sur une grille.

Notre suggestion : vous pouvez remplacer la banane par une compote de pommes assez sèche.

QU'EN PENSE LE NUTRITIONNISTE ?

Cette recette, riche en fibres, en lipides, en glucides, en magnésium, en calcium, en potassium, en vitamines B et C, est énergisante et rassasiante.

COOKIES AUX ABRICOTS SECS

SUCRES naturels

POUR 4 PERSONNES • PRÉPARATION : 15 MIN • CUISSON : 10 MIN

60 g d'abricots secs moelleux
200 g de farine de blé
70 g de flocons de quinoa
80 g de sucre rapadura
1 pincée de sel
1/2 sachet de levure
25 cl de crème de soja

1 Préchauffez le four à 180 °C (th. 6). Versez la farine, les flocons de quinoa, le sucre, le sel et la levure dans un saladier et mélangez. Ajoutez la crème de soja et mélangez à nouveau.

2 Hachez grossièrement les abricots et incorporez-les à la pâte.

3 Formez des boules de la taille de prunes et disposez-les sur une plaque de cuisson recouverte d'une feuille de papier sulfurisé.

4 Enfournez pour 10 minutes à mi-hauteur du four. Laissez refroidir avant de déguster.

Notre suggestion : placez les cookies sur une grille pour éviter qu'ils ramollissent en refroidissant.

QU'EN PENSE LE NUTRITIONNISTE ?

L'abricot est particulièrement riche en bêta-carotène (provitamine A), d'où sa couleur orangée. Cela en fait un aliment antioxydant qui ralentit le vieillissement cellulaire. On y trouve également de la vitamine C, autre antioxydant, et des vitamines du groupe B. Le quinoa se cuisine comme le riz et se comporte comme un féculent. On y trouve du magnésium, du fer, des protéines et des fibres.

ENTREMETS AU TAPIOCA ET COULIS DE MANGUE

SANS gluten — SUCRES naturels

POUR 4 PERSONNES • PRÉPARATION : 10 MIN • CUISSON : 10 MIN

Pour l'entremets au tapioca :

40 g de tapioca
25 cl de lait de coco
25 cl de lait de riz
4 cuil. à soupe de sucre de bouleau
1 gousse de vanille

Pour le coulis :

1 mangue mûre
1 cuil. à café de jus de citron vert bio
1 cuil. à soupe de sirop d'agave
1 branche de menthe

1 Dans une casserole, versez le lait de coco, le lait de riz, le sucre, les graines de la gousse de vanille (fendue en deux puis grattée) et faites chauffer à feu doux.

2 Versez ensuite le tapioca en pluie et faites cuire environ 5 à 7 minutes à feu doux sans cesser de remuer afin que le tapioca n'attache pas aux parois de la casserole. Ôtez du feu et répartissez dans quatre coupelles pour laisser tiédir.

3 Pendant ce temps, épluchez la mangue, récupérez la pulpe et mixez-la avec le jus de citron vert, le sirop d'agave et quelques feuilles de menthe.

4 Nappez la crème de tapioca de ce coulis et décorez chaque entremets avec 1 feuille de menthe.

QU'EN PENSE LE NUTRITIONNISTE ?

Le tapioca est une semoule issue du manioc amer. Il apporte des glucides complexes (sous forme d'amidon très purifié) mais pas de protéines ni de lipides. Les intolérants au gluten peuvent en consommer en remplacement de la farine de blé. Il ne présente pas de fibres, ce qui le rend particulièrement digeste. L'inconvénient du tapioca est son index glycémique élevé, qui est cependant ici temporisé par la présence de la mangue, riche en fibres.

LES CONSEILS DU NUTRITIONNISTE

DANS LES GRANDES LIGNES

Le mode de cuisson

La cuisson excessive produit des composés de Maillard (réactions chimiques liées à l'action des sucres sur les protéines lors de la cuisson – on parle de glycation des protéines) qui seraient impliqués dans l'émergence de certaines maladies, entre autres diabète et maladies cardio-vasculaires ainsi que vieillissement cellulaire). Optez donc de préférence pour des cuissons douces (comme la cuisson vapeur) et veillez aussi à ne pas faire brûler vos huiles.

Surgelés et conserves

Les surgelés ou les conserves permettent de manger des légumes ou des fruits à prix réduits. Les propriétés nutritionnelles sont intéressantes dans ces produits et sont parfois de meilleure qualité que les produits frais car les modes de préparation conservent bien les micronutriments.

Le bio

Les fruits et légumes bio présentent un intérêt manifeste pour la santé, ils sont plus riches en phytonutriments (en moyenne 60 % d'antioxydants en plus par rapport au « non-bio »). On y trouve moins de métaux lourds que dans les produits de l'agriculture conventionnelle. On peut ne pas éplucher les fruits et les légumes bio car ils ne sont pas traités. Lavez-les bien en revanche ! On sait que les vitamines se concentrent davantage sous la peau, donc mangez la peau mais bio uniquement !

L'aliment miracle

Aucun des aliments évoqués au fil des recettes ne peut être présenté comme la panacée universelle. Quand on cuisine un plat, on mélange des aliments aux propriétés variées et c'est la complexité alimentaire qui optimise notre capital santé. Donc, par pitié, pas de régime brocoli, thé vert, ananas, citron, etc. !

LES PRODUITS PHARES DE VOTRE CUISINE VEGAN

Afin d'optimiser votre capital santé, utilisez les épices et les herbes aromatiques. Les extraits d'herbes et d'épices améliorent la stabilité des huiles. Mélanger les épices réduit l'oxydation des huiles (et donc diminuerait l'impact négatif sur les maladies cardio-vasculaires et métaboliques). Utilisées régulièrement, les herbes et les épices contribuent à pondérer notre consommation de sel, à diminuer l'apport en graisses et en sucre. On s'en sert comme exhausteurs de goût. Utilisez donc régulièrement piment, ail, poivre, coriandre…

INDEX DES RECETTES

TABLE DES MATIÈRES

NOTES

NOTES

Photographies : Philippe Vaurès-Santamaria, stylisme de Caroline Wietzel

Textes des recettes : Caroline Wietzel

Textes du nutritionniste : Arnaud Cocaul

ISBN : 978-2-7540-8261-7

Dépôt légal : février 2016

Imprimé en Slovénie

Direction éditoriale : Aurélie Starckmann

Édition : Iris Odier

Conception graphique & maquette : Stéphanie Martel / Charlotte Bourgeois

Correction : Christine Cameau

Éditions First, un département d'Édi8

12, avenue d'Italie

75013 Paris – France

E-mail : firstinfo@efirst.com

Site Internet : www.editionsfirst.fr